Dr. med. Ulrich Kübler

Die Souveränität der Ver-
führung

und das Gedächtnis der Zelle

Bibliografische Information der Deutschen Nationalbibliothek:
Die Deutsche Nationalbibliothek verzeichnet diese Publikation in der Deutschen Nationalbibliografie; detaillierte bibliografische Daten sind im Internet über http://dnb.d-nb.de abrufbar.

Inhalt

Vorwort

Jene Zeit, in der der Akt der Entstehung des Lebens personal war, gehört der Vergangenheit an. Das Ovum und das Spermium sind nicht mehr personal gebunden. Es hallt der Ruf durch die Welt: *Neue Zellen braucht der Mensch!* Dabei hat er seine alten noch gar nicht verstanden.
Doch lassen Sie uns erst einmal anschauen, wie das Leben begann:

An den Küsten des Urmeeres tauchen Meteoriten aus dem Weltall zischend in das Wasser ein – mit einer Ladung von Molekülen, Aminosäuren und Spurenelementen. Sich im Meerwasser lösend, verbinden sie sich mit Magnesium und Carbonsäuren. Im Schaum des Meeres bilden sie sphärische Netzwerke.
Vor Jahrmilliarden, die Erde war gerade geboren und beheimatete noch kein Leben, kamen die Ursprünge des Lebens, transportiert von Meteoriten aus den Tiefen des Weltraumes. Wahrscheinlich kam mit ihnen auch das Wasser. Bis heute ist der Ursprung dieser geheimnisvollen, das Leben erst erlaubenden Flüssigkeit nicht klar. Eine Hypothese besagt, dass es eingeschlossen in Meteoriten auf die Erde gelangte.

- Das Weltall enthält Aminosäuren.
- Planeten werden schon mit Aminosäuren geboren.
- Kommen Spurenelemente dazu, wirken diese als Katalysatoren und aus Aminosäuren können dann Proteine werden.

Das Leben ist das Geheimnis der Verteilung dieser Moleküle. Im Weltall gibt es einen Mechanismus zur asymmetrischen Verteilung dieser Bio-Moleküle.

Aminosäuren können im Wasser schwimmen und sich mit den metallischen Spurenelementen verbinden und katalytisch betätigen. So entstanden die ersten vermehrungsfähigen Moleküle, die bereits eine erstaunliche Vielfalt von Informationen zu speichern vermochten. Entsprechend verbunden entstanden daraus die Vorläufer jener Moleküle, die das Einfangen von Lichtquanten und die Interaktion mit morphischen Feldern erlauben.

Die Proteine aller Lebewesen bestehen aus 20 verschiedenen Aminosäuren. Ihre Zufuhr ist lebensnotwendig. Die Aminosäuren können sowohl mit Säuren als auch mit Basen reagieren, weil sie in sich sowohl eine saure wie eine basische Gruppe enthalten.

Aufgrund ihres Zwittercharakters sind die Aminosäuren eine Art *Schalter* und können Informationen speichern. Das war bereits der Fall, bevor das Leben den genetischen Code entwickelt hatte, und noch davor wiederum, kombinierten die Aminosäuren aufgrund ihrer elektrischen Bindungsfähigkeit ihre Negativität an einer bestimmten Molekülstelle mit positiv geladenen Metallionen und bildeten neue Strukturen.

Bereits Jahrmillionen vor der Morphogenese des Menschen gab es ursprüngliche Zellen im Weltmeer, die bipolare Moleküle enthielten, isoliert in Sphären, deren Membranen über Ionenkanäle mit den Magnetfeldern der Umgebung kommunizieren konnten: Zellen als Energiewesen, als Materialisierung eines morphischen Feldes.

Die Sonne lieferte die Photonen für die molekularen Motoren. Sie lieferte den sphärischen Bioreaktoren Energie.

Es entstand die lebende Zelle in Interaktion mit den morphischen Feldern, die im scheinbar unendlichen Nichts bipolare Moleküle in Sphären isolierten, deren Membranen wie flüssige Kristalle über Ionenkanäle mit Magnetfeldern kommunizierten.

Ionenkanäle sind Wahrnehmungsschalter. Sie sind die physikalische Basis des Gedächtnisses der Zelle.

Arbeiten später Zellen zusammen, z. B. Gliazellen und Neuronen, oder Glionen und Neuronen, so kann das als *Konnektom* oder als *Gehirn* definiert werden, als physikalische Basis des Bewusstseins, als flüssiger Speicher energetischer, magnetischer und morphischer Felder.

Diese Energiefelder durchziehen die Zelle und werden von Leben zu Leben weitergegeben, wenn sie dabei nicht gestört werden:

Bevor man über den Geist spricht, muss man das Geistige definieren und die Frage beantworten, was Bewusstsein ist.[1]

Im menschlichen Konnektom, *Gehirn* genannt, herrscht eine übersehene Dualität: Die Gliazellen sind der komplementäre Resonator und Stimulator der neuronalen Ionen-

---

[1] *Es fehlt eine Theorie der Neurowissenschaft*, Tretter, F, NZZ 16. April 2014

kanäle. Die neuronalen und glialen Membranen sind flüssige, kristalline Halbleiter. Zwischen ihnen fließt eine Elektrolytlösung.

Werden die Rezeptoren der Zellmembranen durch ein Signal stimuliert, öffnet sich ein Ionenkanal und Elektrolytlösung fließt in die Zelle. Es entsteht Bewusstsein und durch Speicherung Erinnerung.

Moleküle haben ein Gedächtnis, sie ändern Form und Funktion und die Funktion ist Ergebnis der Form. So sind Aminosäuren chemisch Zwitter, Spurenelemente Ladungsträger und Ladungsträger können auf Wanderschaft gehen.

Flüssige Kristalle reagieren auf Ladungen.
Es gibt Materie in vier verschiedenen Zuständen: gasförmig, flüssig, fest und weder ganz flüssig noch ganz fest. Das ist der Zustand der flüssigkristallinen Moleküle: Phospholipide, Eiweißlösungen, RNA-, DNA-Moleküle und Viren sind flüssigkristallin, ihr Ordnungszustand bewegt sich zwischen fest und flüssig. Ihre Moleküle können sich in verschieden Ordnungsgraden gruppieren, wobei sie sich aneinander orientieren, korrespondieren und axial, in Schichten oder spiralig ausrichten können. Sie sind dabei in der Lage Energie zu speichern und abzugeben sowie auf morphische Felder zu reagieren.

Rückblende:
Wellen des Urmeeres, darin erste Moleküle, Algen und Einzeller; Moose, die als *lebende Solarzellen* nicht fressen und nicht gefressen werden. – Dieses Merkmal der Evolution trat

erst Jahrmillionen später auf, nachdem Algen in Einzeller eingedrungen und mit diesen eine Symbiose eingegangen waren. Aus den Algen wurden dabei *Mitochondrien*.

Das Leben im Wasser benötigt kein Feuer. Ursprünglich gab es das auch nicht an Land. Jedenfalls stand es nicht den Menschen zur Verfügung. Die Energie-Kreisläufe waren geschlossen – heute haben wir zu viele offene Kreisläufe, an deren Ende Artenverlust und Vermüllung von Erde, Wasser, Luft und Zellen steht.

Der Ur-Mensch hatte beim Essen erhebliche Probleme. Ohne Werkzeuge musste er Tiere jagen und das Fleisch, ohne dass es weich gekocht oder gebraten war, lange zerkauen oder verschlingen.
Bei der Weiterentwicklung kam es dann zur Entdeckung von Faustkeilen zum Töten von Tieren, zur Entwicklung von Speeren und zum Zusammenschluss des Menschen zu Jagdgruppen.
Frauen saßen in kaminlosen Höhlen, beschädigten ihre Tumorsuppressorgene durch Rauch und veränderten durch den Rauch die Methylierung der Promoterregion dieser Gene. Eine Veränderung des epigenomischen Profils gab es also schon damals.

Es wurden in der Zwischenzeit zwar noch einige Dinge zur Erleichterung des Alltags erfunden oder entdeckt, aber die Gesamt-Bilanz ist öde: Die Kleidung, das Rad, der Ackerbau, um den Klimafolgen und dem Nahrungsmangel zu entgehen. Die Folgen sind: Umweltverschmutzung, Überbevölkerung, Kriege und schlechte Politik, die bis heute eine Mischung aus Egotrip, Gruppenwahn und territorialen Ansprüchen ist.

Verblendet von der eigenen Gier und aufgrund einer gesteuerten und damit falschen Wahrnehmung der Realität – unter dem Druck von Umwelt und Chemikalien – ist die Evolution des Menschen nicht nur zum Stillstand gekommen, sondern es ereignet sich in mehreren Bereichen auf zellulärer und gesellschaftlicher Ebene eine ontogenetische Regression und Implosion mit Zunahme von sogenannten Zivilisationserkrankungen wie Krebs, Diabetes, M. Alzheimer, Kindesmisshandlungen und allgemein erhöhter Gewaltbereitschaft.

Die Unsicherheit, Erkrankungs- und Gewaltbereitschaft nimmt zu wie in einem neuen Mittelalter.

Die allgemeine Jagd nach vermeintlichem Wohlstand und den letzten Rohstoffen könnte in einem Weltbürgerkrieg enden, einer Erwärmungskatastrophe, in atomaren und/oder digitalen Kampfhandlungen sowie in der *Verhaustierschweinung* des Menschen, entsprechend den Voraussagen von Konrad Lorenz und George Orwell.

Religiöse, ökonomische und sonstige Ideologien, Oligarchien und Monopole jagen die Menschen gegeneinander, auf der Suche nach Macht und Kontrolle. Es gibt kaum noch freie Territorien und auch dort wird die Jagd nach den Rohstoffen fortgesetzt.

Da es kaum noch freie Territorien gibt, wird nun nach der Zelle und den Genen gegriffen. Gene sind aber keine Bauklötze. Die Zelle enthält nicht lineare Funktionen, die der menschlichen sowie der biopolitischen und ökonomischen Kontrolle nicht ausgeliefert werden sollten, denn es ist zu fragen, ob unser Wissen ausreicht, unser Verhalten gegenüber uns selbst, den Mitmenschen und der Natur so zu steuern, dass unser und der Natur Überleben auf Dauer möglich ist.

Wir werden uns weiterentwickeln, zweifellos, doch in welche Richtung? Aussterben ist das Schicksal jeglicher Art. Vor uns gab es schon anderes Leben, nämlich Fossilien, die lebende Solarzellen waren und nicht fraßen und nicht gefressen wurden.
Die großen Werkzeuge und Jagdgruppen sind gefährlich destruktiv:

Der Mensch als Techniker und Jäger ist mit dem Egoismus seiner Gene die größte Gefahr für sich und die Natur:

- für die Atmosphäre,
- für die Hydrosphäre,
- für die Kryosphäre,
- für die Biosphäre.

Inzwischen werden die Gefahren ja noch größer: Der Mensch will sich nicht länger auf die natürliche Evolution verlassen, sondern versucht sich gentechnisch weiterzuentwickeln. Da jedoch unsere Eigenschaften von Hunderten von Genen gesteuert werden, können und werden zu forsche Eingriffe fatale Folgen haben.

Dennoch wird wohl das Projekt *Menschenverbesserung* früher oder später in Angriff genommen werden, die Frage ist nicht ob, sondern wann.

Der Mensch wird sich dadurch sehr wahrscheinlich selbst ausrotten, auf jeden Fall wird die bisherige Individualität enden. Hierzu hat er sich seine eigenen Zellen vorgenommen, in dem Wahn, unsterblich zu werden.

Die Stammzelle

Sie ist die Zelle, in der das Leben beginnt. Jene Zelle, die aus der Vereinigung einer mütterlichen Eizelle (Ovum) mit den Erbsubstanzen des väterlichen Samenfadens entsteht. Daraus resultiert das Wachstum des Embryos mit allen embryonalen Merkmalen.

Unbegrenzte Selbsterneuerung – unbegrenztes Zellteilungs-Potenzial.

Während der Zellteilung verändert die embryonale Stammzelle bedarfsgerecht ihren Charakter und verwandelt sich in andere Zelltypen wie Haut, Herz, Nerven, Knochen – solange, bis die korrekte Form der Gewebe und Organe erreicht ist.

Jede Zelle, jedes Gewebe, jedes Organ funktioniert schon während seiner Entstehung. Zellen sind Energiewesen, flüssigkristalline Materialisierungen eines morphischen Feldes.

Nur das Erscheinungsbild ändert sich während der Entwicklung, nicht das Wesen.

Das Buch des Lebens
Das Leben macht nur Sinn, wenn es weitergeht!

Alles auf der Welt dreht sich um diesen Punkt: Wie kann das Ziel, Leben zu erhalten, erreicht werden? Wenn im Frühjahr ein Vogel singt, macht er das nicht, um uns zu erfreuen, sondern nur, um seinen Intentionen zur Reproduktion Nachdruck zu verleihen. Der Embryo ist die Manifestation einer in molekularer Schrift geschriebenen göttlichen Botschaft, er ist ein heiliges Wesen. In jeder Zelle offenbaren sich der Geist und die Erfahrung der gesamten Evolution.

Die Genetik der DNA ist der *Spiritus Rector*, sie macht uns zur *Spezies Mensch*. Damit das Leben sich anpassen und weitergehen kann, ist die Epigenetik implantiert. Sie ist der Mittler zwischen Umwelt und dem innersten Wesenskern einer jeden Zelle. Sie steuert die Ausprägung, den sogenannten *Phänotyp* und macht jeden von uns zu einem Unikat.

Im Buch des Lebens ist der strukturgewordene Geist der Evolution niedergeschrieben.

Die Form ist uns ein Geheimnis,
weil sie Ausdruck von geheimnisvollen Kräften ist.
Nur durch sie ahnen wir die geheimen Kräfte,
den unsichtbaren Gott.

August Macke: Die Masken, 1914

Die Geburt kann als Verlust der Ursphäre aufgefasst werden.

Alle Sphären leben auf ihr Zerplatzen zu, wie der Philosoph P. Sloterdijk erkannte.[2] *Mit der Geburt wird das Form gewordenen Leben an die Küste härterer Tatsachen gespült*, formuliert er.

Aufgrund der *Beschädigung der Mütter* ist die Geburt heute für Mutter und Kind oft ein Trauma.

Durch erst teilweise verstandene Einflüsse der Umwelt, des Verhaltens und der Technozivilisation auf die Epigenomik der Mutter und des Embryos, haben sich die hydraulischen, anatomischen und zellulären Umstände verschoben, die früher eine relativ glückliche Geburt ohne zu große Gefahren erlaubten.

Heute nehmen die Inkompatibilitäten zwischen Mutter und Kind oft schon vor der Geburt so zu, dass die Mutter oder der Embryo einander zum Feind werden und somit die Entbindung der Mutter durch den sogenannten *Kaiserschnitt* erfolgen muss, was de facto für Mutter und Kind keine *Geburt* ist, sondern im wahrsten Sinne des Wortes eine *Ent-Bindung*.

Es fehlt die aktiv veranlasste und embryonal-maternal autonom eingeleitete und so empfundene Enthüllung. Vielmehr ist es ein in Narkose durchgeführter technokratischer Akt, der Mutter und Kind den Durchgang durch den Geburtskanal in die Außenwelt stiehlt. – Mit nicht unerheblichen endokrinen, psychologischen und epigenetischen Folgen für Mutter und Kind. Die epigenetisch bedeutsame

---

[2] *Sphären I*, Sloterdijk, P, Suhrkamp

Methylierung ist nach einer Sectio bei Mutter und Kind deutlich verändert und normalisiert sich laut Prof. Stähler[3] erst Wochen nach der Geburt:

Es handelt sich um einen so nicht von der Natur vorgesehenen Milieuwechsel. Wir haben diverse Kinder und Mütter nach Kaiserschnitt beobachtet. Sie vermittelten in den Stunden und Tagen danach den Eindruck, als seinen sie ebenso erschreckt wie überrascht und wären dankbar, die Schwangerschaft widerrufen zu können. Für die Telomere, auch der Mutter, und das prolactinerge und dopaminerge System ein Desaster: Die Sphären bleiben ständig von ihrer unvermeidlichen Instabilität beunruhigt.

Sie streben auch ohnehin nach Vereinigung mit anderen Sphären, die sich dann gegenseitig enthalten und ausgrenzen:
Die politische Sphäre ist das Ergebnis von Gruppenwahn und Ausgrenzung und taumelt daher von einem Faschismus in den nächsten:
Die Unterwerfung des Raumes und der anderen mit Hilfe von Propaganda und Kriegen.

Wozu sind Kriege gut?
Um aus Anarchisten stationäre Verbrecher zu schaffen, frei zitiert nach Ian Morris[4].
Oder nach Franz Grillparzer am Vorabend des Ersten Weltkrieges: *Von der Migration über die Territorialität und Imperialität zur Bestialität.*

---

[3] In einem persönlichen Gespräch mit dem Autor.
[4] *Krieg, Wozu er gut ist*, Morris, Ian, Campus

Die Liaison der Sphären

Dagegen löst der Anblick des Schönen einen Erinnerungs-schock aus und Begehren.

Der Ergänzungszauber beginnt zu wirken, verführen und verführt werden: Ein Lust-Ich wird erkannt von einem ande-ren, es fühlt sich angesprochen, bestätigt und begehrt: geistig, seelisch oder *körperlich*.

Lust ist sexuelle Energie auf der Suche nach einem Ziel. Es genügt zur Verführung von der Energie fremder Lust ge-streift zu werden; diese wirkt wie ein Kompliment, das ent-weder angenommen wird oder nicht.

Das Spiel der Verführung hat begonnen.

Eine Eroberung schafft eine neue erotische Realität, wes-halb dauerhafte Monogamie eine Illusion ist, frei zitiert nach U. Clement, dem bekannten Paartherapeuten: *Das AMEFI-Prinzip versagt*. AMEFI ist ein Kunstwort, entstanden aus den Anfangs-Buchstaben der Sentenz: **A**lles **M**it **E**inem **F**ür **I**mmer.

Es kommt immer wieder zur Trennungskatastrophe und dann wieder zum Streben nach Wiederherstellung, oder wie der Philosoph Heidegger sagte:

Im Dasein liegt eine wesenhafte Tendenz auf Nähe.
                    Heidegger in: Die Lehre vom existenziellen Ort

Nachdem er seine Geliebte Hannah Arendt erst erkannt und dann fast zu Tode ignoriert hatte, um seine bürgerliche Reputation zu erhalten, schrieb sie ihm Jahre später in der für sie typischen Noblesse: *Ich bin dir treu und untreu ge-wesen – und beides in Liebe.*

Es gibt Lebewesen, die finden beim Sexualakt den Tod. Vielleicht brachte dies S. Freud auf die Idee, Liebe und Tod in Beziehung zu setzen:

Der Tod als Entgrenzung und Freisetzung.
Doch davor steht das Leben und das Erkennen.

Anblicke, Einblicke, Pheromone

Pheromone sind wandernde molekulare Botschaften, die von einem Rezeptor empfangen und an einen Resonator weitergeleitet werden. Durch Pheromone sendet unser limbisches System Botschaften an limbische Systeme anderer Menschen dieser Welt. *Pheromon* kommt aus dem Griechischen und bedeutet *Träger der Erregung*.

Es sind in unseren Zellen gebildete Duftstoffe, die Botschaften versenden und nach dem Empfang in einem eigenen Sinnesorgan, dem *vomeronasalen Organ* (VO) zunächst über die Nase an den limbischen Kortex des Gehirnes weitergegeben werden. Dort wird nicht einfach eine sexuelle Erregung hervorgerufen oder unterdrückt, nach dem Motto: *Du riechst so gut.* Oder: *Ich kann dich nicht riechen.* Die Eindrücke sind komplexer, dazu später mehr.

Das vomeronasale Organ befindet sich direkt hinter den Nasenlöchern und ist tausendmal (!) empfindlicher als unser sonstiger Geruchssinn. Es wurde zwar schon vor 300 Jahren entdeckt, trotzdem ist es selbst Medizinern meist gänzlich unbekannt. Bei Operationen wird es oft bedenkenlos weggeschnitten. Schon kleinste Mengen an Pheromonen lösen in Sekundenbruchteilen einen Reiz im Gehirn aus, der die Gefühle beeinflusst und die immunologische

Kompatibilität, die wir anderen Personen entgegenbringen, interpersonell steuert.

Der limbische Kortex, einer der ältesten Anteile unseres Gehirns, der mit den anderen Anteilen des Gehirns kommuniziert, wertet Gefühle aus. Der limbische Kortex ist aber auch jene Region unseres Gehirns, wo Gefühle nicht nur ausgewertet werden, sondern auch entstehen und mit den Gedanken und Absichten kombiniert werden.
Der limbische Kortex hat dazu verschiedene Signalwege zur Verfügung, zum Beispiel die Hypophyse, die dann über Releasing-Faktoren hormonelle Botschaften innerhalb des Körpers versenden kann.

Die Pheromone sind jedoch Botenstoffe anderer Art. Sie können die Zellen verlassen und über das Riechorgan eines anderen Individuums Hirnwellen, Gefühle und eine Hormonproduktion auslösen.
Durch Einnahme antikonzeptiver Hormone wird die Geruchwahrnehmungsfähigkeit für feminine Pheromone beim Mann und androgener bei der Frau gestört, was die Wahl eines geeigneten Partners beeinträchtigt.

Herrschaft und Macht der Düfte
Die subtile Signatur der Düfte erlaubt es Aufmerksamkeit zu erregen, zu verführen, zu betören, Gefühle und Gedanken hervorzurufen, Vertrauen zu erzeugen. Aber da gibt es auch die Geruchskeule:
Was wollen Menschen sagen, die unser Geruchsorgan durch einen mittleren Gasangriff beleidigen? Sie wünschen

Aufmerksamkeit und sofortige Unterwerfung ohne Gegen-
leistung. Diese Gerüchte signalisieren Ausbeutung.
Da kann man nur sagen: *Wenn die Chemie nicht stimmt, ist
der Teufel los.*

Vor rund 100 Jahren schrieb Ludwig Thoma:

*Wann die Mannsbilder am Samstag zum Tanz gehen, tup-
fen Sie sich vorher mit dem Schnäuztücherl die Achselhöh-
len. So kriegen's die Weiberleut hinterher leichter in den
Heuschober.*

Diese Wirkung hat das männliche Hormon Androstenon,
ein Derivat des Testosterons, enthalten in Achselschweiß
und Speichel.
Das feminine Äquivalent ist Estratetraenol.
Dann gibt es da noch die Copuline. Sie finden sich im Va-
ginalsekret während des Eisprungs und erzeugen beim
Mann Sehnsucht nach einem Koitus, lassen seinen Testos-
teronspiegel ansteigen.
Das Androstenol bei der Frau hingegen macht Menschen
beiderlei Geschlechts offener und zugänglicher.
Es gibt Parfums, die diese Pheromone enthalten.

Pheromone sind zelluläre Kommunikatoren: kürzlich ist es
erstmals gelungen, einen Sexuallockstoff aus Algen zu iso-
lieren. Deren Paarungsbereitschaft hängt von der Größe
der Zellen ab.
Wenn eine Größe von ca. 50 Mikrometern unterschritten
wird, differenzieren sich die sonst nicht zu unterscheiden-

den Zellen in zwei Paarungstypen aus, die man mit den Geschlechtern höherer Organismen vergleichen kann. Bringt man Zellen der unterschiedlichen Paarungstypen zusammen, kann durch mikroskopische Verhaltensanalysen zwischen anlockenden (verführenden) und angelockten (verführten) Zellen unterschieden werden.

Die mobilen Zellen des einen Paarungstyps gleiten durch Sekretion eines gelatinösen Materials zielgerichtet auf den Partner zu. Ist das nicht wunderbar?

Interessanterweise wirkte auch das Medium, in dem die anlockenden Zellen gehalten wurden, auf den Paarungspartner attraktiv.

Die Entstehung der Pheromone ist ein komplexer zellulär gesteuerter Prozess. Bemerkenswerterweise enthalten die Pheromone kleine Moleküle, die auch epigenomisch aktiv sind, Methylbutene und Acetylgruppen. Dies gilt insbesondere für die Substanzklasse der Copuline, die Basismoleküle einer Beziehung.

Liebe als Versuch der Wiederherstellung einer verlorenen Einheit.

Wären da nicht die Gene.

Ein Gen kann mehrere Aufgaben wahrnehmen und durch die Epigenese gesteuert werden.
Epigenese ist die Regulation der Genexpression innerhalb und außerhalb der Gene. Gregor Mendel glaubte noch an den Monismus der Gene. Tatsächlich sind diese nicht einmal die alleinigen oder Hauptverantwortlichen der Vererbung von Formen, Funktionen und Eigenschaften. Diese kann nicht nur in Bakterien, sondern auch in menschlichen Zellen ohne Gene erfolgen: extrachromosomal.

Das hat erhebliche Auswirkungen auf die Mikro- und Makro-Evolution:
Die Zelle ist ein flüssiger, dreidimensionaler Computer, der sich in Zwiesprache mit Molekülen, elektrischen Feldern, Photonen, Elektronen, dem Cytosol und den Organellen (z. B. den Mitochondrien) selbst programmieren kann. Und da wagen es einige molekulare Manipulatoren diesem Ergebnis einer jahrmillionenalten Evolution einfach so mal einen weiteren Satz von fremden Mitochondrien zuzumuten, was in England von den Behörden inzwischen erlaubt wurde. Das wird als Heilung von mitochondrial bedingten Erbkrankheiten demnächst sicher angewandt.

Die Eugeniker sind nicht gestorben.
In ihnen verbindet sich der digitale Narzissmus mit der Pathophysik der Systeme zu einer Spirale des Schlimmeren:

Nicht einmal mehr eine einzige Nacht und alles ist vorbei, nein, eine einzige gewaltige Penetration des Ovums mit der Pipette, und der klonale Steckling ist erzeugt. Das Ende der Individualität.

Das Epigenom steht auch unter der Kontrolle der Ketonkörper der extrazellulären Matrix.

Deswegen ist die Belästigung des Trophoblasten vor der artefiziellen Nidation eine gefährliche, latent carcinogene Zumutung, wie sich im Laufe des Lebens so erzeugter Wesen noch herausstellen wird.

Die artefizielle Zeugung macht aus der geordneten Sprache der Epigenomik ein stochastisches Lallen.

Die Feinsteuerung der Epigenomik geht durch die mechanischen und stofflichen Attacken verloren.

Die Feinsteuerung der Epigenomik und damit der Epigenese und Embryogenese erfolgt, soweit bisher bekannt, über Methyl- und Acetylgruppen, die jeweils an der Promotorregion von Onkogenen und Tumorsuppressorgenen über den An-/Aus-Zustand dieser wachen, wie die *Nornen* in der Mythologie, in Abhängigkeit von den essenziellen Aminosäuren Methionin und Threonin.

Aus Threonin wird *Glycin* und *Actyl-CoA*, aus Methionin wird *S-Adenosylmethionin*.

Aus Lysin und Zink werden sogenannte *Zinkfingerproteine*, die für die vorübergehende und stets volatile Stabilität der alten und neuen Formen und Strukturen der Zelle sorgen.

Methylasen, Acetylasen und Transferasen helfen dabei. Sie sind energieabhängig.

Der freie Fluss der Elektronen und Protonen in der mito-
chondrialen Atmungskette des mütterlichen Ovums und
seiner späteren Trophoblasten-Matrix sollte zur Wahrung
der Menschenwürde unter Schutz der Verfassung. Alles
andere ist Zell- oder Körperverletzung.

Stattdessen ist die embryonale Zelle Spielball der Beliebig-
keit und Begehrlichkeit, begleitet vom unfähigen Bemühen
der Gesetzgeber und sich selbst ermächtigender Ethik-
Kommissionen.

Hier werden Defekte für Jahrzehnte erzeugt, die auch noch
vererbt werden können.

Es sei hier frei nach J. Testart zitiert und prognostiziert:[5] *So
erscheint die künstliche Befruchtung immer mehr wie ein
Bestandteil des Transhumanismus, nach dessen Lehre der
erweiterte Mensch mit Maschinen zu Mensch-Maschine-
Kombinationen verschmilzt, die von Gewalt und Sex befreit
in der Lage sein wird, sich selbst zu reproduzieren ...* was
dann selbstverständlich kontrolliert werden muss, von einer
obersten Reproduktionsbehörde. Die Beschlagnahmung
der individuellen genetischen Beratung durch die Akademie
der Wissenschaften wird ja schon vorbereitet.[6]

Der erweiterte Mensch wird notwendigerweise Produkt
eines Polizei- und Überwachungsstaates sein. Seine Zellen
und sein Körper werden ebenso wie sein Gehirn mit elektromagnetischen Technologien überwacht, manipuliert und
kontrolliert werden. Lebenslänglich, wenn man das noch
Leben nennen kann.

---

[5] *Des hommes propables*, Testart, J, Paris, Seuil, 1999
[6] *Ethik war gestern*, FAZ 8.5.2013

Cyber King
Chef der elektronischen Gefängnisse

Wir leben in einer Gesellschaft, deren sozialer Kitt das *Netz* in allen seinen Facetten und Möglichkeiten ist. Als Teilnehmer und Consumidor sind wir ein kleines Zahnrad in der nicht sicht- und greifbaren Maschinerie. Wir kommunizieren nicht mit realen Personen von Angesicht zu Angesicht, sondern virtuell über den imaginären elektronischen Raum. Daraus gibt es kein Entrinnen, er ist wie ein virtuelles Gefängnis. Jede Aktion unseres Lebens, aus welchem Bereich auch immer, auch unsere geistig-seelische Befindlichkeit wird zeitgleich registriert, analysiert, gespeichert.

Es gibt in diesem Gefängnis keine Möglichkeit des Vergessens, für Jung und Alt keinen Raum für wirkliche Privatheit, die gesamte Vergangenheit ist immer präsent und je länger diese bekannt ist, umso genauer ist unser individueller Weg in die Zukunft voraussagbar. Vergangenheit und Zukunft werden auf einen Algorithmus reduziert.

Das Ovum – das Prinzip *Ei*:

Als einzige Zelle vermag das Ei auch außerhalb seines Organismus, welches ihn hervorbringt, zu überleben.

Die Entscheidung des Eies der Frau, einem Spermium den Zutritt zu gewähren, es eindringen zu lassen, wird bei der künstlichen Befruchtung durch Mikroskope, Pipetten und den technischen Willen ersetzt. Das erinnert an die Tötung und Vergewaltigung von Menschen durch Drohnen.
Man bewirbt diesen Vorgang unter der Bezeichnung *Wunschkind*. Das so technisch erzeugte Kind ist nicht mehr das Bild der Eltern bei der Zeugung.

Die wenigsten Mütter denken an die Perspektive des Kindes bei Mitteilung der anonymen Vaterschaft: *Mein Leben war plötzlich weg.*

Dem Diktat der Fruchtbarkeit wird die Seele geopfert; in folgender Reihenfolge:
- Die Beschädigung der Mutter,
- die Aufgabe der Mutterschaft
- das Verschwinden des Vaters / der Väter,
- das Ende der Familie.

Von der Beschädigung des kreierten Wunschkindes und seiner Benachteiligung auf epigenetischer Ebene ist auch kaum die Rede.

Bei der mechanischen Injektion des Spermiums in das schon vorher durch aggressive Hormonbäder in seiner natürlichen Epigenomik veränderte Ovum, wirken keine sanften enzymatischen Kräfte an der Zellmembran, sondern mechanische Implosionen, die die weitere Vergewaltigung des maternalen Apparates auslösen.

Das Epigenom der mütterlichen Zelle wird sozusagen mit dem Hammer begrüßt und breitgeklopft. Von schonender Integration des maternalen und paternalen Apparates kann nicht die Rede sein, noch von schonender und kreativer Demethylierung, Deacetylierung und sich dann anschließender in kreativer Gelassenheit ablaufender Remethylierung und Acetylierung. Das ist wie Kriegsführung gegen noch nicht Geborene, ein ganz neuer Tatbestand, der bisher der Bewertung medizinjuristischer Fachkreise entgangen ist.

Nach diesem barbarischen Gewaltakt, der einer Vergewaltigung gleichkommt, wird dann wenige Tage später der nach einigen Zellteilungen des so kreierten Embryos entstandene Trophoblast *aufgehämmert*, um das Konstrukt für die Nidation in die sogenannte *Mutter* oder *Leihmutter* vorzubereiten.

Die Barbarei geht also weiter, frei nach dem Motto: *Nicht das Böse fürchte ich, sondern die Spirale des Schlimmeren.*

Von Umhüllung oder embryonaler Ruhe kann nicht die Rede sein.

Wer wie Onkologen und Gynäkologen um die prekäre Kommunikation der Zellen mit ihrer extrazellulären Matrix weiß oder wissen sollte, der weiß, dass diese Zwiesprache

Krebs vermeidet oder im Falle des Scheiterns Krebs auslöst und ist entsetzt, dass diese veterinärmedizinischen Methoden der Befruchtung als zumutbar und genehmigungs-
fähig betrachtet wurden und werden.

Das Phänomen Ovum ermöglicht die Universalität in der
Ontogenese der geschlechtlich fortgepflanzten Lebewesen.
Das Ei ist zurecht ein Mythos, vom Kleinlebewesen über
das Osterei bis hin zum Menschen.

Geburt und Leben bedeutet also von innen kommen.
… nach dem Platzen der Umhüllung in eine neue Sphäre
geworfen zu werden.
Das Besondere des Ovum humanum ist seine Verinnerli-
chung: Das hat so revolutionäre Organschöpfungen zur
Voraussetzung wie Uterus und Plazenta sowie die Kombi-
nation und Balancierung von zunächst epithelial-
mesenchymaler und dann mesenchymal-epithelialer Transition.
Dies erklärt die Plastizität der Embryogenese einerseits,
ihre Anfälligkeit und Verbindung mit der Carcinogenese
andererseits:

Krebs als Trittbrettfahrer der Evolution. Er wird nach einer
Störung der Epigenese durch eine epithelialmesenchymale Transition verursacht. Es gehen dann un-
sterbliche Stammzellen auf Wanderschaft und besiedeln,
ohne den Innenraum verlassen zu können, also ohne geboren zu werden, den Wirtsorganismus, um ihn von innen
heraus zu zerstören.

- Darf der Mensch mit der Zelle würfeln?
- Darf er das Epigenom verändern?
- Wird er damit zum Mitschöpfer?
- Darf er in die Speichen der Evolution eingreifen, sich selbst dazu ermächtigen, ohne ermächtigt zu sein, die Zelle, das Leben zu verändern, zu versklaven, zu industrialisieren, seinen Begehrlichkeiten zu unterwerfen?

Wir stehen an der Schwelle zu einer Eugenomik und Epigenomik, die rasch in die Abgründe der Euthanasie für Zellen führt.

Beobachtet man die Kasino-Mentalität einiger Stammzellforscher, so fehlen einem die Worte der Verachtung für diese Mischung aus Spekulation, wissenschaftlichem Ehrgeiz und abgrundtiefer Respektlosigkeit vor dem Leben.
Einige davon sind schlicht kriminelle Fälscher, denen das Handwerk gelegt werden muss. Sie arbeiten an der Sackgasse der Evolution und an der Enteignung der Zelle. Sie greifen in die Epigenomik und Epigenese ein.

Die Genexpression ist variabel.
Ernährung, Stoffwechsel und Lebensstil, ja auch das Denken greifen in die Acetylierung und Methylierung der Eiweiße der Chromosomen ein und bestimmen darüber
- welche Gene tätig werden und welche nicht,
- welche Zellen regeneriert werden und welche nicht,
- welche Zellen absterben oder welche Zellen zu Tumor-Stammzellen werden.

Entscheidend sind die Methylierung und die Acetylierung des Genoms.

Die Gene stehen in Zwiesprache mit dem Nervensystem und der Umwelt. Zu Störungen des epigenomischen Profils kommt es nicht nur in der menschlichen Zelle, sondern auch in der pflanzlichen und in der tierischen, insbesondere nach dem Einsatz von Insektiziden und Herbiziden. Das weltweit eingesetzte Glyphosphat wird von den Zellen zu Aminomethylphosphorsäure abgebaut.

Diese ist eines der aggressivsten Methylierungsmittel. Es hat eine Halbwertzeit, also eine hälftige Verweildauer in den Zellen von 3 – 250 Tagen. Es wird den pflanzlichen Zellen unter Einsatz von Tallowamin, einem aus Tierkadavern gewonnenen Tensid aufgezwungen, indem dieses Tensid die Zellmembranen durchlöchert und penetriert. Dies führt dazu, dass die Exekutoren der Epigenomik, nämlich die mRNA vom Golgi-Apparat anders sezerniert werden und in anderer Qualität und Quantität in der Blutbahn zirkulieren. Treffen Sie dabei auf Medikamente und Impfstoffe, entsteht ein für die Zellregulation tödlicher Cocktail:

Es kommt zur Dysregulation von Genen, zur Störung zellulärer Signalketten und des Hormonhaushaltes. Es kommt zu einer Störung des zelldifferenzierenden Potenzials, welches sich in Jahrmillionen der Evolution herausgebildet hatte, und im Endergebnis zu einer Störung oder sogar dem Ausfall der Regulation der epithelial-mesenchymalen Transition.

Das kann auch bei der künstlichen Insemination geschehen. Liebe ist da nicht mehr die Vereinigung der Sphären:

Es wird nicht mehr der Ergänzungszauber durch einen Menschenkörper erlebt.

Verlegt man die Insemination des Ovums nach außen, wird auf den Phallus verzichtet, auch auf einen Teil der Mutterschaft. Kommt noch der Verzicht auf den Geburtsvorgang hinzu, fehlt die physiologische Begegnung mit der Enthüllung, gehen die Wurzeln der Weisheitsbäume verloren.
Es wird nicht mehr zu den Müttern hinabgestiegen, um in ihnen etwas zu finden, was man Erkenntnis nennen kann. Der Tod kann auch nicht mehr zum Königsweg der Erkenntnis werden, zum Übergang in die friedliche Auflösung und Entgrenzung der Form.
Es kommt zu Totgeburten, Anencephalie. Absterben aquatischer Organismen und von Insekten, zur Apoptose und Nekrose in menschlichen Nabelschnurzellen, embryonalen Zellen und Plazentazellen.

Durch die geplanten Freihandelsabkommen werden sich diese tödlichen Zellgifte noch ungehinderter in der globalen Nahrungskette ausbreiten. Es kommt zur Eugenik der Epigenomik unter billigender Aufsicht der den Einsatz genehmigenden Behörden.

Lassen Sie sich von den Stammzellforschern also nicht verführen, bleiben sie bei transzendenten Flitterwochen. Sie erleichtern damit die Geburt des Schönen und der Ethik.
Schönheit, Ästhetik und Ethik bedingen einander.

Platon, der erste bekannte Psychoanalytiker entdeckte, dass der Anblick von Schönheit einen Schock der Erinnerung auslöst, indem von einem schönen Menschen eine vormenschliche Perfektionsstrahlung ausgeht. Dieses Erschrecken kann durch Vereinigung vorübergehend geheilt werden.

Prüfen Sie daher vor einem One-Night-Stand, ob ihr Partner schön genug ist, um ihre Hoffnung auf Erlangung der Vollkommenheit nicht zu enttäuschen. Der Morgen danach beschert ihnen sonst Zustände des Objektverlustes und des Schauderns bis hin zum Ekel.

Nein, Spaß beiseite: Das ist eine Angelegenheit, der mit Ernst begegnet werden sollte. Sich in die Schönheit zu verlieben, von ihr berührt zu werden, bedeutet der Wahrheit zu folgen. Dies ist die Ästhetik der Liebe.

Stattdessen droht die endgültige Enteignung der Zelle durch die künstliche Befruchtung.

Begonnen hat sie schon: Jene Zeit, in der sich die gesellschaftliche Legitimation des Koitus auf das Beziehungsmodell *Ehe* beschränkte oder der Akt der Entstehung neuen Lebens personal war, könnte bald der Vergangenheit angehören.

Das Ovum und das Spermium sind nicht mehr personal gebunden.

Nach Freud repräsentiert die menschliche Sexualität den Lebenstrieb *Eros* und wirkt von Geburt an auf die menschliche Psyche und das menschliche Verhalten.

Triebe bedürfen eines auslösenden Reizes. Es muss ein Wunsch entstehen, ein Begehren nach dem Erkennen des Schönen oder einer kompatiblen Seele. Der Trieb treibt zur Realisierung des Begehrens, des Verschmelzens. – Wobei dies nicht geschlechtsspezifisch sein muss:

Wenn eine Frau sich in der Seele oder Ausstrahlung einer anderen Frau erkennt oder widerspiegeln kann, spielt das Geschlecht keine Rolle mehr. Dann wird die Inszenierung der Geschlechter unterbrochen, der scheinbare Mangel des Phallus überwunden, die Lust ohne Phallus erreicht.

Da auch im Weiblichen das phallische Begehren persistiert, kommt die Klitoris in die Position des Phallus. Oder indem der ganze Körper der Frau sich phallisch verhält, also nach Lacan wesentlich wird und empfindet.

Nach dem Psychoanalytiker Lacan ist das Phallische oder der Phallus das Signifikante, das Wesentliche.[7] Frauen können also den scheinbaren Mangel überwinden oder versuchen es: Der Mann soll erkennen, dass er nicht der Phallus ist, obwohl er einen hat. Das Mädchen hat erkannt, dass es den Phallus nicht hat; beide streben nun nach Überwindung des Mangels.

Somit ist die Liebe unter Frauen vielleicht der Versuch der Phallokratie zu entkommen, was jedoch nur teilweise gelingt, da zumindest der eine Körper phallische Funktionen übernimmt, um die Lust zu erreichen. Das Weibliche wohnt anderswo und der Weg der Beziehung des Mannes zu einer Frau führt nicht über den Phallus, sondern über das Sprechen.

---

[7] *La significance du phallus*, Lacan, J, Ecrits, p 685ff

Das Begehren

Es handelt sich um vagabundierende erotische Energie auf dem Wege zum Ziel, auf der Jagd nach einer kompatiblen Seele. Frauen setzen bei der Wahl eines Partners ein Mindestmaß an Intelligenz voraus, was evolutionsbiologisch und anthropologisch ja schon einmal an und für sich schön ist.

Bei der Suche nach einer neuen erotischen Realität erscheint das weibliche Geschlecht zunächst im Vorteil. Die Frau braucht nur *Ja* zu sagen. Sie braucht *nur* begehrenswert zu sein. Verweigerte sie sich jedoch einem werbenden Mann, genügte das im Mittelalter, sich dem Vorwurf auszusetzen eine Hexe zu sein. Bizarre Geständnisse erpressten die Folterknechte der Kleriker aus den Mündern der Gemarterten, beispielsweise, dass sie mit dem Teufel Unzucht getrieben hätten.

Bamberg war im 17. Jahrhundert ein Zentrum der Hexenverbrennungen, sozusagen ein Holocaust-Zentrum im Mittelalter. Zu Beginn des 17. Jahrhunderts wurden dort binnen 20 Jahren 1000 Menschen, vorwiegend Frauen, hingerichtet. Jeder 13. Bamberger starb.

Das Vermögen der Denunzierten und Ermordeten fiel an die Kirche, die es ebenso wenig restituiert hat wie der moderne Staat die zerstörte Existenzgrundlage der zahlreichen Justizopfer auch nur annähernd adäquat restituiert. Proteste der Fachwelt – hier der Mitglieder der Rechtspflege – sind nicht in nennenswertem Umfang bekannt, weder damals noch heute.

Ein nicht unerheblicher Nebeneffekt des kirchlichen Holocausts an der Weiblichkeit des Mittelalters war die Hinrichtung der mit der Geburtenverhütung vertrauten Hebammen, der weisen Frauen. Verhütet werden sollte auf gar keinen Fall, der Souverän benötigte Untertanen zur Verfolgung seiner territorialen Ansprüche.

Die darauf folgende Bevölkerungsexplosion der Neuzeit, nach dem Verlust des mittelalterlichen Wissens der Geburtenverhütung, durch die Taten der kirchlichen Ideologen, werden bis heute unterschätzt. Nicht umsonst hält der Vatikan seine Hexenakten teilweise bis heute unter Verschluss.

Die Hexenverfolgungen waren die Entdeckung der Biopolitik am Rande des Mittelalters: Kriegszüge, Raubzüge, Pestzüge hatten den Fürsten das Menschenmaterial zerstört. Menschen waren plötzlich wertvoll und an sich kein Wegwerfartikel mehr.

Den Mächtigen gingen die Menschen aus.

Die Schönsten und Fähigsten unter ihnen wurden als Hexen verfolgt: die Hebammen. Sie wussten um die Geheimnisse der Verhütung und die Feinsteuerung der Fortpflanzung. Sie kannten schon lange vor dem 19. Jahrhundert das *Speculum*.

Was taten die Kleriker? Geburtenkontrolle wurde zur Unzucht mit dem Teufel erklärt.

Die Gynäkologie wurde den Frauen entrissen, die Fachfrauen exorziert oder zu Tode gefoltert.

Die Folgen: Die Gynäkologie sank auf ein erbärmliches Niveau, wovon sie sich bis heute nicht erholt hat, zumindest in einigen Ländern nicht.

E fand nun wieder eine Bevölkerungsexplosion statt, die in die Kolonien exportiert wurde oder zum damaligen Turbo-

Kapitalismus führte. Wir haben heute fast acht Milliarden Menschen auf der Erde und die Lage droht außer Kontrolle zu geraten.

Die Folgen der Degradierung der Frauen als Hexen, sozusagen der *Holocaust der Sexualität*, für die Stabilität Europas und der Welt, können nicht überschätzt werden – sie prägen die Welt bis heute.
Der Hexenwahn war und ist eine religiös motivierte Vergewaltigung der Frau. Die monotheistischen Religionen geben dabei das weibliche Prinzip auf und manipulieren den Eros zur Erlangung universeller männlicher Macht. Es geht darum, sich die feminine Urmacht untertan zu machen, ja, sich anzueignen. Es wird den Frauen die Fähigkeit das Leben zu gebären geneidet.
Diese weibliche Urmacht widerspricht dem patriarchalischen und phallokratischen Konzept der Transzendenz. Deswegen kommt es zu Hexenjagden und rituellen Vergewaltigungen; die ist letzten Endes der gewaltsame Versuch, sich von der weiblichen Urmacht unabhängig zu machen. Der Vater verweigert der Mutter ihre Macht Leben zu gebären, weil er der alleinige Schöpfer sein will.

Es geht den Christen wie den Buddhisten um eine durch den Vater ermöglichte Wiedergeburt und damit um die Überwindung der eigenen Sterblichkeit, die in der phänomenalen Welt der Frau implizit gegenwärtig ist.

Die Historiker scheinen nach ihrer Sozialisierung, Politisierung und sonstigen Ausbildung unfähig zu sein, eine Weltgeschichte der Vergangenheit oder der erweiterten Gegenwart zu schreiben, die die Wissenschaften von der Verhaltensweise des Menschen einbezieht – sei es aus Furcht gegenüber anderen Fachgebieten oder aus Mangel an gegenwartsdiagnostischem Urteilsvermögen.

Diese noch zu schreibende Geschichtsanalyse hätte im Kern mit Globalisierung zu tun, dem Umgang des Menschen mit der Macht, mit sich selbst und mit dem Überlebenskampf immer größer werdender Menschenmassen und dem damit verbundenen Klimawandel.

Werfe man doch nur einen Blick auf die zweite Hälfte des 20. Jahrhunderts: Sie war eine Zeit ansteigender Mobilität der Menschen. Diese erhielt zusätzliche Schubkraft durch ein ungewöhnliches Bevölkerungswachstum, das bis heute in vielen Teilen der Welt anhält und das Klima zunehmend mit beeinflusst. Die Natur lässt sich die monströse Geburtenexplosion und den damit verbundenen Klimawandel nicht länger gefallen. Sie schlägt massiv zurück durch Klimakatastrophen nie da gewesenen Ausmaßes und erreicht damit nun wieder eine Reduktion des Menschenmaterials, verbunden mit einer zunehmenden Unfruchtbarkeit sowohl der Männer als auch der Frauen. In den sogenannten *zivilisierten Ländern* verläuft inzwischen jede zweite Geburt ungewöhnlich dramatisch und nicht mehr natürlich. Eine Vergewaltigung der Zelle ist hier nicht die Lösung – sie zerstört letzten Endes jedes Leben.

Es kommt die Digitalisierung fast aller Lebensbereiche hinzu, die inzwischen eine Penetrationskraft, Akzeptanz und

Unverschämtheit erreicht hat, welche die Welt keineswegs immer offener und freizügiger sein lässt.

Der menschliche Körper wird zunehmend digitalisiert, teilweise werden schon vorgeburtliche DNA-Analysen durchgeführt, um Chancen zu verteilen.

Wir benötigen also neben einer Ethik der Information auch eine Ethik der Sorge um den anderen und eine Ethik der Überwachung. Schwierig ist, dass fast alle Produktions- und Migrationsabläufe heute digitalisiert und überwacht werden. Schon ruft man nach einer Überwachung der Mittelmeeranrainer und ihrer Flüchtlinge durch Drohnen. Somit gerät der Nationalstaat ebenso wie das Individuum, das in ihm lebt oder zwischen Nationalstaaten migriert, in eine tiefe Existenzkrise. Obwohl der Mensch zunehmend von Produktionsprozessen und damit von einer geregelten Einnahme ausgeschlossen wird, ist er wegen der Auflösung der Nationalstaaten und der Frivolitäten und Senilitäten der letzten Imperien zunehmend gezwungen, individuelle Lösungen oder Pseudo-Lösungen für gesellschaftlich, technologisch und klimatisch verursachte Probleme zu schaffen.

Man darf hier ohne Übertreibung sagen, dass die Krise der Organe und Institutionen, die die menschlichen Belange vertreten sollten, das augenfälligste Problem des 21. Jahrhunderts ist. Vielleicht schätzen auch deswegen so viele Menschen die Digitalisierung sozialer Netzwerke, weil dies die einzige soziale Welt ist, die sie haben, die sie kennen und in der sie sich ein wenig heimisch fühlen dürfen.

Den Technologen und Technokraten darf man ins Stammbuch schreiben, was der Historiker – also auch auf diese kann man nicht ganz verzichten – Tony Judt gesagt hat:

Und wenn wir sonst nichts aus dem 20. Jahrhundert gelernt haben, sollten wir zumindest begreifen, dass die angeblich perfekten Lösungen die furchtbarsten Konsequenzen hervorbringen. Die schrittweise Verbesserung unbefriedigender Zustände ist das Beste, was wir uns erhoffen können und anstreben sollten.[8]

Mit anderen Worten: Die Geschichte lehrt uns Demut und rät uns zur Mäßigung und zum Verzicht auf Selbstermächtigung.

Und er sagte kurz vor seinem Tode noch etwas, auf die Frage, ob er ein Abgleiten in den Totalitarismus befürchte: Das tue er nicht, aber er beobachte aktuell einen Verlust der Überzeugung, ein Schwinden des Glaubens an die offene, demokratische Gesellschaft, ein Gefühl der Resignation. Er glaube allerdings auch, dass wir in den nächsten 15 Jahren eine Rückkehr des politischen Engagements erleben werden, dass sich junge Leute organisieren und ihrer Empörung über die politische Stagnation der vergangenen 25 Jahre Ausdruck verleihen werden. Also sei er gegenwärtig pessimistisch, auf mittlere Sicht jedoch optimistisch.[9]

Im Grunde geht es um die Modalitäten des Erkennens, Begehrens, und Zusammenkommens. Die unverbindlichste und dennoch intimste Form ist der One-Night-Stand:

---

[8] *Das vergessene 20. Jahrhundert,* Judt, Tony, Hanser
[9] *Das vergessene 20. Jahrhundert,* Judt, Tony, Hanser

Der Begriff kommt ursprünglich aus der Theaterbranche und bedeutet *einmaliges Gastspiel*. Heutzutage ist damit eine sexuelle Kurzbeziehung gemeint, die nur eine Nacht oder sogar noch kürzer andauert, oft zwischen einander nicht näher bekannten Personen und ohne die Absicht, eine längere emotionale Beziehung einzugehen.

Doch ist zweifelhaft, ob der ONS den Interessen der Frauen und Männer nützt, denn worum geht es? Um die Suche, Bestätigung und Vermeidung des Alleinseins.

Oft können das die Partner längerer Beziehungen nicht mehr leisten: Monogamie als Gefängnis der Lust und als Grab der Sehnsüchte. Heute wird dagegen die Polyamorie eingesetzt – mit wechselndem Erfolg, denn die Sehnsüchte nach Abhängigkeit, das Bedürfnis gebettet und beschützt zu werden, sind stark.

Es geht auch um die Befriedigung der Grundbedürfnisse: Sex, Nahrung, Schlaf, Geborgenheit und Glück. Dazu bedarf es einer geeigneten Dosis von dopaminergen Neurotransmitter-Impulsen im Bereich des Nucleus praeopticus medialis des Hypothalamus. Mit dem AMEFI-Prinzip ist das kaum vereinbar: *Alles mit einem für immer.*

Sobald sich beide Kommunikationspartner über das Ziel der sexuellen Kommunikation verbal oder non-verbal einig sind, bedarf es noch einer Örtlichkeit, um eine intime Situation zu schaffen, in der sich die Beteiligten begegnen können, um vordergründig ihre Libido abzuleiten. Unabhängig davon, ob die Betroffenen die gesamte Nacht miteinander verbrachten oder vorher auseinandergingen, gestaltet sich die weitere Kommunikation eher minimalistisch oder ist abwesend.

Der One-Night-Stand kann eine Begegnung mit dem Orgasmus sein, ein Schöpfungsakt, der eine erotische Realität schafft, die es erlaubt aus sich selbst herauszutreten und die Realität des Alltags und gegebenenfalls eines anderen Partners vorübergehend zu verlassen, um angesichts des Orgasmus Augenblicke der Unsterblichkeit zu erleben – ohne die Verpflichtung zur Liebe.

Der Morgen oder die Zeit danach, wenn der Sexus als Auslöser der Vereinigung abklingt und die erotische Realität der sonstigen weicht, entscheidet sich die weitere Entwicklung der Kurzbeziehung. Ist das erotische Ich danach frei und leicht oder empfindet es gar Ekel und Scham? Denn der Orgasmus verdeckt keine seelische Niederlage. Will das erotische Ich in den Alltag des Gegenübers eintauchen oder auf Distanz bleiben? Hierdurch entscheidet sich, ob es eine Fortsetzung der Beziehung gibt oder nicht.

Dabei entscheidet das Ich nicht in erster Linie über den anderen, sondern zuerst über sich selbst: ob es sich in dem, was zuvor geschah, wiedererkennt oder nicht, das Engagement zurückgenommen oder sogar die Flucht angetreten wird.

Neben der Theorie der Triebe sollte man nicht vergessen, dass der Mensch auf der Suche nach Vollkommenheit ist. Manchmal endet diese Suche in Beklommenheit.

Im Moment der Vereinigung mit dem Partner kann er sich im Zentrum der Welt fühlen, aus sich heraustreten und in dessen gestaltbildendes Feld eintauchen, den Hauch des morphischen Feldes im unendlichen Nichts spüren.

Wer verliebt ist, wird verführt: Sa Wahrheit und Schönheit schon vor ihrer Erkennung existieren, muss nur daran erin-

nert werden. Erkennt ein Mensch die Schönheit und ver-schmilzt er mit dieser, ist er glücklich. Wird eine Ver-schmelzung nachträglich als *falsche Verschenkung* emp-funden, löst dies Scham aus; denn der andere, dem man seinen Körper hingab, besaß ihn für eine gewisse Zeit.
So wie ich dem anderen erscheine, bin ich dann – er be-sitzt nun das Geheimnis dessen, was ich bin.

Durch die sofortige Beendigung der Beziehung soll die nochmalige Wahrnehmung in den Augen des anderen be-endet werden, da weitere Wechselwirkungen von der Seele nicht mehr gewünscht werden.

Der Verliebte dagegen schafft wie ein Gott den Gegen-stand seiner Liebe.

Platon[10]

Der Verliebte ist ein sich selbst überlassener Gott.
Die Lösung kommt nicht von außen. Erlösung bietet nur etwas, was auch Quelle des Leides ist.
Letzter Grund des Leides ist in der Mythologie *die Frau*.
Der Verliebte lebt in der Umklammerung gegensätzlicher Kräfte, er genießt, dass die Person des anderen Wesens ihn vor dem Abgrund bewahrt und die Beschränkungen des eigenen Lebens auflöst, aber er hat auch Angst, denn hin-ter den Augenblicken der Unsterblichkeit lauert wieder die Endlichkeit.
Und so sind wir gefangene Ergänzer auf der Jagd nach der Vollkommenheit und Lust.

---

[10] Platon, *Symposium*

Es gibt kein Wesen, das so verletzbar ist wie der Mensch und so häufig den anderen verletzt.

Die meisten Menschen wollen nicht verführt werden, sie ziehen es vor, geliebt zu werden. Als Liebesbeweis verlangen sie Gefühl, Lust oder Domestikation. Vielleicht muss man die Liebe aus Angst vor der Verführung erzwingen, zweifellos aber muss man lieben, um nicht mehr verführen zu müssen.

Aber es gibt etwas in der Frau und in der Zelle, das man nicht besitzen kann oder besitzen darf. Was uns bei der Liebe am stärksten beschäftigt, ist das Rätsel des anderen Geschlechts. Alle körperlichen Vereinigungen sind darauf ausgerichtet, sich der Fremdheit und dem Rätsel des anderen Geschlechts anzunähern und es zu vereinnahmen, ein unerfüllbarer Traum.

Die bisherige Analyse leidet darunter, dass sich die Sozial- und Geisteswissenschaften aus der Analyse erotischer Phänomene heraushalten.
Im sexuellen Akt verlässt der Mensch den Alltag und taucht in eine neue erotische Realität ein. Eine übergreifende Definition des Orgasmus fehlt seit Jahrtausenden.
Der Orgasmus ist eine Botschaft der Lust, mit der Bitte, nicht zu sterben.
Wir reisen durch die Unendlichkeit in der Hülle der einsamen Sterblichkeit. Durch den Orgasmus hindurch gelangen unsere Moleküle in das Reich der unsterblichen Ziele. Es enden Leid, Schmerz und Sterblichkeit im Rausch der Moleküle. Es erreichen die Gefühle das Reich der Liebe.

Das weibliche Verlangen ist dabei genauso lustgesteuert, wie das des Mannes. Frauen gelten nur kulturell bedingt als Verbündete der Monogamie. Doch stellt sich in monogamen Beziehungen bei nicht wenigen Frauen oder Männern nach einiger Zeit Unlust auf den vertrauten Partner ein. Das Reich der Hormone spielt dabei eine untergeordnete Rolle. Das eigentliche Lustzentrum sind die neuronalen Zellen des Gehirns, die mit dem Dopamin, dem Molekül des Verlangens korrespondieren. Damit sich die Erregung durch das Dopamin auf ein Objekt richtet und nicht zu einem Sturz in lediglich gesteigerte Wahrnehmung führt, muss es in Balance zu anderen Neurotransmittern, insbesondere dem Serotonin treten.

Dieses erlaubt die Planung und Selbstkontrolle in Hinblick auf das Objekt der Begierde. Hinzu kommt die Freisetzung von Opioiden: Sie dämpfen die Motivation, bereiten das Gehirn aber auch darauf vor, erneut angeregt zu werden. Sexuelle Höhepunkte dämpfen das Gehirn, konditionieren es aber auch darauf, nach weiteren neuen Höhepunkten zu streben und Unlust zu vermeiden.

Die individuelle Seele ist auf den Körper zentriert. Sie gibt ihm seine Form und ist sein Aktionszentrum. Sie breitet sich um ihn herum aus, aber hat auch einen Brennpunkt.
Seelen sind wie Körper individualisiert – im Gegensatz zu Klonen.
Typisch für zwei Körper ist, dass keine zwei Körper zur selben Zeit den gleichen Raum einnehmen können. Das gilt aber nicht für Felder. Verschiedene Felder können denselben Raum zur selben Zeit einnehmen, sie können einander

durchdringen. Im Orgasmus verschmelzen sie für kurze Zeit; er ist das Schmelzmittel, danach kehren die Seelen und ihre Körper wieder in die Realität und den Raum der Dialektik zurück, den Raum der individuellen Verantwortung und der Geschichte:

Beim One-Night-Stand ist die Liebe trotz gegenseitiger Verführung abwesend. Dies bedeutet für das Weibliche eine Falle: Statt eines dialektischen Verhältnisses des Austausches von Sex und Liebe, haben wir heute ein Produktionsverhältnis, das zum Exzess übergeht.
Die ausgleichende Dialektik ist verschwunden, Schönheit und Zärtlichkeit haben sich verabschiedet, das Phantasma der Produktivität breitet sich aus und zerstört alle Illusionen und Beziehungen. Nun haben sich diese Kräfte auch noch die Produktion der Kinder und des Lebens vorgenommen.
Dabei gibt es eine Komplizenschaft mit dem Feminismus und dem Genderismus. Dieser imitiert die Phallokratie. Es wird eine Logistik des Genusses aufgebaut: Es geht um Produktion, nicht mehr um Sublimation.
Tatsächlich kommen Genuss und Liebe abhanden.

Hypersexualisierung ist Deindividualisierung und zerstört den Sexus ebenso wie die Liebe, denn die Frau ist der Traum des Mannes. Erst durch die Begegnung mit der Liebe erwacht sie aus dem Traum. Die Frau ist von Natur aus mit aller Verführung begabt.
Sobald sich die Frau ohne Liebe nur dem Sex hingegeben hat, ist es zu Ende, ist der Traum tot. Eine einzige Nacht und alles ist vorbei. Körperlich mag es gut gewesen sein:

multiple Orgasmen, eine neue erotische Realität: der Verführer fühlt sich bestätigt, bei der Verführten überwiegt das Gefühl benutzt worden zu sein. Nach dem puren Sex kommt der Ekel, eine Niederlage für die Seele.

Es bleibt dann nur der Narzissmus und am Ende findet Fortpflanzung durch Insemination und Klonierung statt. Was folgt ist die Reproduktion des immer Gleichen, was der Anfang vom Ende ist: menschliche Stammzellen als Stecklinge und simulierte Unsterblichkeit als Exorzismus des Sexus und der Liebe.

Sex und Seele als *Remedium humanum* verschwinden.

Im Ergebnis können die Sinnlosigkeit und Einsamkeit des Lebens nicht mehr überwunden werden und *das ewig Weibliche zieht uns nicht mehr hinan* (Goethe).

Wenn am Beginn des Lebens nicht mehr der Sexus und die Liebe stehen, werden der paternale und der maternale Apparat der Zelle vergewaltigt.

Was passiert, wenn sich die Zellen zweier Menschen begegnen, die sich wirklich lieben? Es öffnet sich das Drehbuch der zellulären Evolution. Der Vielzeller wird vorübergehend zum Einzeller und dann wieder zum Vielzeller – durch das Programm der mesenchymal-epithelialen Transition.

Es kommt nach der Vereinigung von Eizelle und Spermium zu einem Konflikt zischen dem mütterlichen und väterlichen Erbgut in den ersten Zellen des Embryos. Das genetische Material des väterlichen Spermiums dringt in die Eizelle der Mutter ein und wird von dieser umarmt und umschlossen. Dies bedeutet Embryo – Griechisch: *das Umschlossene*.

Aber im umschlossenen Raum tobt ein Kampf der Gene um ihr Arrangement und ihre Funktion. Dieser Kampf ist die Wiege der Individualität und Voraussetzung der lebenslänglichen Anpassungsfähigkeit und Plastizität dieses neuen lebendigen Individuums, das vom ersten Augenblick an eine embryonale Menschenwürde und Souveränität hat, die es zu respektieren gilt, andernfalls erleidet der zelluläre Apparat eine Leerinkarnation. Und es resultiert eine psychosomatische Beschädigung. Sollte dennoch die Geburt gelingen, ist diese oft auch kein Aufbrechen und Abnabeln des Umschlossenen mehr.

Die molekulare Basis dieses konfliktreichen Kampfes im Genom der embryonalen Stammzellen, ist die Methylierung und Acetylierung der Gene. Enzyme, sogenannte Methylasen und Acetylasen, übertragen Methyl- und Acetyl-Gruppen, die aus Aminosäuren stammen, auf die Promotor-Region der Gene und entscheiden dadurch über die Entstehung des *Epigenoms*, der Programmsprache der Gene.
Dies bleibt auch nach der Geburt so.

Ein Leben lang entscheiden Methylierung und Acetylierung über den Funktionszustand der Gene:
- ob sich eine Zelle teilt oder nicht,
- welche Aufgaben die Zelle wahrnimmt,
- in welche Richtung sie sich entwickelt,
- wann die Zelle altert und wie,
- ob sie im Falle einer Beschädigung repariert wird, stirbt oder entgleist (= Krebs).

Durch Methylierung und Acetylierung kann die Zelle lernen und auf die Umwelt reagieren, sie kann gute oder schlechte Eigenschaften erwerben und vererben.

Das ernste Spiel des Lebens beginnt mit der Zeugung.
Deshalb darf die Zeugung kein technischer Vorgang sein, sonst wird dieser Konflikt zwischen paternalem und maternalem Apparat der Zellen nicht ausgetragen und es resultiert kein wirklich neues oder gesundes Epigenom, nur ein geklonter Gnom mit beschädigten strukturellen und emotionellen Elementen.

Nur eine gesunde und natürliche Epigenomik garantiert das Wunder der Menschwerdung und des Menschbleibens.

Dazu gehört, negative Einflüsse abwenden zu können. Die Stressresistenz eines künstlich geschaffenen Organismus ist allerdings geringer.

Auch leidet das industriell geschaffene Leben unter einer Verkürzung der Telomere, den Stabilisatoren der Chromosomen.

Die künstliche Evolution, also die Manipulation des Genoms, beschädigt die natürliche Evolution. Am schädlichsten ist dabei die Korrespondenzstörung der Stammzellen mit dem Gehirn. Auf diese Weise bekommt die epithelialmesenchymale Transition, die der Garant der Kreativität und Anpassungsfähigkeit der Zelle ist – der Motor der Evolution, aber auch das Einfallstor ontogenetischer Regressionen –, von Anfang an einen Knacks.

Dies darf nicht zugelassen werden, denn am Ende stehen der Verlust der Apoptosefähigkeit und die Unfähigkeit, mit den gestaltbildenden Feldern der Umwelt zu korrespondieren.

Nur wenn von Anfang an die Verknüpfung der mütterlichen und väterlichen Elemente der Zelle in einem ungestörten gestaltbildenden Feld der Seele beider Partner zu einem neuen Netzwerk möglich ist, bleibt die Evolution offen, andernfalls gerät sie in eine Sackgasse.

Es müsste eigentlich jedem klar sein, dass die Vergewaltigung des Schöpfungsaktes molekulare Unfälle nach sich zieht und dass aus einer Unfallserie kein neuer Fahrzeugtyp entstehen kann. Wir zerstören durch solche Eingriffe die Selbstorganisationsfähigkeit der Zelle und tangieren ihre Bewusstseinsebenen, denn die Zelle hat ein Gedächtnis.

Es ist ein Irrtum, anzunehmen, dass Information, die Essenz alles Lebendigen, stets an Materie gebunden ist.
Das Geheimnis der Gene liegt nicht in der unterschiedlichen genetischen Information, sondern in der Regulation dieser: Vom Genom über das Epigenom zum Proteom.
Hinzu kommt dann noch ein Stoffwechsel, also die Fähigkeit der Zelle, Energie von außen aufzunehmen.

Durch aggregierende Polymer-Ketten entstanden und entstehen separierende Membranen und damit individuelle Funktions-Ensembles: Zellen, an denen sich die Evolution betätigen konnte und kann. Am Ursprung der Evolution stand also nicht der Zufall, sondern die Fähigkeit zur Selbstorganisation.

Als dann noch die Mitochondrien in die Zelle eindrangen, erhielt die Zelle jene Energetik, die ihr die Evolution zum Menschen hin ermöglichte. Es entstand ein System, das über so viel Selbstbewusstsein verfügt, dass es zu sich selbst in Distanz treten kann. Es entstanden zelluläre und neuronale Netzwerke mit der Fähigkeit zu Mimik, Gestik und Sprache, eine motorische Geschicklichkeit der Hände – Voraussetzung der Interaktion mit sich selbst, anderen und der Umwelt; Voraussetzung, um Werkzeuge und Geschichte zu schaffen, zu kommunizieren, zu umarmen, einzudringen und zu töten.

Die Evolution sah die Möglichkeit des Eingriffs vor, aber nicht in die Zelle und ihre gestaltbildenden Felder.

Da die organisierten Vielzeller im Augenblick der Fortpflanzung wieder zu Einzellern werden, sollte diese Zelle den gleichen Schutz genießen wie das Individuum, sonst ist im Abgrund der Geschichte auch für die Zelle Platz.

Die Biotechnologie greift nun in dieses Geschehen ein, will sich die Zelle nutzbar machen, greift in einer Weise ein, dass die Zelle am Ende mit den ursprünglichen Feldern nicht mehr korrespondieren kann.

Aus Chemie wird nie Leben.

Insofern sind die Biotechnologen dümmer als die alten Alchemisten.

Die Urzelle folgte bei ihrer Entstehung einem Plan. Ein Plan verkörpert eine Idee und eine Idee ist ein Geist – und Zellen sind geistige Wesen.

Der Mensch ist ein Teil der Natur und kein von ihr abgespaltenes Wesen. Versucht er sich zum Herrn der Zellen zu machen, wird er zum lebenden Toten, zum Gespenst.

Die jetzt bereits machbaren und geplanten Manipulationen der Zelle würden, wenn aus diesen Einzellern Vielzeller heranwüchsen, ein furchtbares Reich der Gespenster entstehen lassen. Diese sind im Buch des Lebens nicht verzeichnet und werden uns noch Lebenden eine Rechnung präsentieren: den untoten Abfall des Lebens.

Freud sah das voraus und quälte sich bis zu seinem Tode mit diesen Gespenstern und erkannte deren Bedeutung in der Pathophysik der Systeme: *Gespenster sind untote Vorstellungen ohne Rückkopplung zur Liebe und zur aktuellen Realität oder künstlich durch Algorithmen erzeugte Wesen.* Nach seiner Ansicht ist das Über-Ich das ewig lebende Gespenst der Eltern, eine Instanz, die ihre Stimme vertritt und in Form des Vaters den Sohn ermahnt und ihn seiner Handlungsfähigkeit beraubt. Das Über-Ich ist Erbe der ödipalen Beziehungen, der Abhängigkeit von den Eltern und der Gesellschaft, des Gehorsams gegenüber instruierenden Stimmen. Diese stabilisieren die Pathophysik der Systeme:

Wenn die Vorstellungen von der Realität für wahrer gehalten werden als das Wahre, kommt es zum Realitätsexzess und dann zur Implosion der Realität. Untote Gespenster verfolgen die noch nicht Toten. Die Gespenster bieten einen Weg an, der Dialektik des Sinns zu entfliehen.

Nackte Gespenster ohne Konzept tauchen auf und saugen wie Untote, die nicht sterben können, die noch nicht Toten aus, den Hauch des Todes verbreitend. Die untoten Gespenster jagen die sogenannten Lebenden auch noch. Mit Realitätsprothesen wird Politik gemacht.

Die Gespenster spuken nicht nur, sie sind das Archiv der untoten Erinnerungen.

Die Gespenster spalten die Zeit. Die fatalen Strategien der modernen Zeit verbinden sich mit den bösen Geistern. Die Dinge wuchern in das Unendliche. Kein Rechts- oder Mäßigungssystem hat noch einen mildernden Einfluss.

Die Gespenster sind die Rache der Götter für die Hybris. Es gab einst zwei Brüder: Epimetheus und Prometheus. Epimetheus vergaß die Menschen und schenkte ihnen keinerlei Fähigkeiten. Prometheus schenkte ihnen Fähigkeiten der Götter.

Doch dies konnte die Unzulänglichkeiten der Sterblichen nicht beseitigen, und so bestimmen Prothesen und Gespenster das Leben der Menschen. Das durch gestaltbildende Felder existierende und bisher epigenomisch vererbte und vererbbare *Es* beherbergt aber weitere Ich-Existenzen, an die angeknüpft werden kann. Zellen senden nicht nur Moleküle aus, sondern senden und empfangen auch Wellen und sind empfänglich für energetische Felder. Sie sind Dipole. Sie sind Antennen und verfügen über *Schaltkreise* zur Speicherung und Verarbeitung von Informationen.

Die Büchse der Pandora

Auf Weisung des Zeus hatte Hephaistos aus Lehm die erste Frau geschaffen, die den Namen *Pandora* erhielt. Sie war ein Teil der Strafe für die Menschheit wegen des durch Prometheus gestohlenen Feuers. Prometheus' Bruder Epimetheus und Pandora heirateten. Zeus wies Pandora an, den Menschen die Büchse zu schenken und ihnen mitzuteilen, dass sie unter keinen Umständen geöffnet werden dürfe. Doch sogleich nach ihrer Heirat öffnete Pandora die Büchse und von diesem Zeitpunkt an eroberte das Schlechte und Böse sowie Krankheiten die Welt. Zuvor hatte die Menschheit keine Übel, Mühen oder Krankheiten und auch den Tod nicht gekannt. Als einzig Positives enthielt die Büchse die Hoffnung. Bevor diese auch entweichen konnte, wurde die Büchse wieder geschlossen und die Welt wurde ein trostloser Ort, bis Pandora die Büchse erneut öffnete und so die Hoffnung in die Welt ließ.

Was erzählt uns die griechische Mythologie über Prometheus und Pandora? Prometheus repräsentiert hier also den schaffenden, vorausschauenden, in die Zukunft denkenden Mann, der Menschen formt, ihnen Feuer, Wissenschaft und Künste bringt. Prometheus ist außerdem ein Ketzer, der die Autorität des Zeus infrage stellt. Prometheus steht für das Patriarchat und den Fortschritt. Pandora hingegen repräsentiert die von einem männlichen Gott als Strafe für die Männer geschaffene Frau. Sie bringt das Böse in die Welt, Krankheit, Tod und Verderben und zerstört den von Prometheus geschaffenen Glückszustand der Menschen. Hier sind also die Rollen schon eindeutig zugeordnet und verteilt: der Mann das Gute, die Frau das Böse, das beherrscht werden muss. Die klassische griechische Mythologie ist also schon ein Ausdruck des Patriarchats, legitimiert das Herrschaftsverhältnis zwischen Männern und Frauen. Und weil die griechische Mythologie ja die Anfänge unserer Zivilisationsgeschichte beschreibt, stellt sich die Frage, ob das Herrschaftsverhältnis sozusagen von Anfang an existiert und also naturgegeben, natürlich ist. Parallelen zwischen dem Pandora-Mythos und dem biblischen Sündenfall werden seit dem frühen Christentum gezogen. Pandora wird zur verführenden Eva. Die Mythen von Prometheus und Pandora dienten als Erklärung für die Leiden der Menschheit. Die Geschichte von Pandora, die nach dem Mann erschaffen wurde und die Quelle zahlreicher menschlicher Leiden war, sollte die untergeordnete Stellung der Frau in der griechischen Gesellschaft rechtfertigen.

Die Zelle hat ein Gedächtnis. Daher ist die Realität immer die Vorstellung, die wir uns von ihr machen: Sind die Vorstellungen erst einmal revolutioniert, hält die Realität nicht stand.

Hegel

Es kann daher vor einer Umkonstruktion, Verbesserung oder Dekonstruktion der Zelle(n) nur gewarnt werden. Wir müssen uns aus dem Gestell der Technologien befreien (frei zitiert nach Heidegger[11]) und an das Schicksal Kassandras erinnern:

---

[11] *Die Technik und die Kehre*, Heidegger, Martin, 12. Auflage 2011

Kassandra, die Tochter des trojanischen Königs Priamos wurde von Apollo begehrt. Um sie zu verführen, schenkt er ihr die Gabe des Sehens.

Da sie sich nicht verführen ließ, geriet Apollo in Zorn, konnte aber die ihr geschenkte Fähigkeit des Sehens und Erkennens nicht rückgängig machen, nur etwas hinzufügen: Und so pflanzte er in die Menschen die Unfähigkeit zu vertrauen und sich zu beschränken. Damit nahm er Kassandras Sehergabe die Kraft.

Kassandra warnte die Menschen vor der Gefahr, die von ihrem Bruder Paris ausging; sie durchschaute die Listen des Odysseus und sah auch den Tod Agamemnons voraus, aber all dies wurde verkannt, man schenkte ihr keinen Glauben.

Nach dem Fall Trojas wurde sie von Ajax vergewaltigt und als Sklavin nach Mykene verschleppt, wo sie dann erschlagen wurde.

Es gilt also das Verhältnis von Liebe, Lust und Macht und den Umgang mit der Fortpflanzung und den Zellen neu zu definieren, die Hemmungs- und Erregungs-Zustände anders zu regulieren. Dabei gilt es neben den Neuronen die Gliazellen des Gehirns besser zu verstehen und zu behandeln. Wir benötigen sozusagen eine *Theorie und Praxis der Glionen.*[12]

In der Evolution ist die Fähigkeit zur Transition, zum Übergang angelegt. Der Mensch als Schöpfergott seiner selbst,

---

[12] *Schmerzlose Operationen. Örtliche Betäubung mit indifferenten Flüssigkeiten. Psychophysik des natürlichen und künstlichen Schlafes,* C.L. Schleich Berlin 1897

ist gebunden an Raum und Zeit, nicht als Bewältiger der Ewigkeit geeignet.

Es gehört Mut und Selbstdisziplin dazu, der Industrialisierung des Lebens Grenzen zu setzen.
Die Ermächtigung des Menschen zum Mitgestalter der Evolution, nicht zum Usurpator, bedeutet jedoch nicht dessen Eintritt in eine Puppenstube, sondern die Auferlegung der schwersten Bürde:
Der Mensch ist wieder allein in seinem individuellen embryonalen Gehäuse und strebt nach Überwindung der Einsamkeit, der Endlichkeit, der Ängste und der Schmerzen.
Aus dieser Verantwortung weht der kalte Wind der Sterblichkeit angesichts der Unendlichkeit.

Der Mensch muss sich befreien vom Diktat der Genetik und um eine neue *Conditio techno-humana* ringen. Der Weg ist gefährlich: Unter dem Druck, sich selbst zu entgrenzen und ökonomisch nützlich zu handeln, erzeugen auf die Zelle gerichtete Technologien das Risiko, dass der Mensch nichts weiter mehr ist als eine technisch erzeugte Wirkung. Die Seele als ein gestaltbildendes Feld, das materielle Körper organisieren kann, wird abgeschaltet:
Darin besteht das Schicksal, das uns am Ende aller Befreiungen und Verführungen in der molekularen Hölle, die wir den Zellen bereiten, erwartet.

Wenn der Akt der Schaffung des Lebens nicht mehr aus dem Koitus heraus erfolgt, wenn das Ovum und das Spermium nicht mehr personal gebunden sind, entsteht eine neue Topografie, vollzieht sich die Implosion des Realen.

Zellen sind keine Mannequins der Macht oder der Mächtigen, sondern unabhängige Träger des Lebens, gegenwärtige Mittler zwischen Vergangenheit und Zukunft. Wer sie dekonstruiert, umkonstruiert, instrumentalisiert, genetisch verändert, vergrößert, verkleinert, vereinzelt oder vermischt, stürzt in Abgründe; eine künstliche Auferstehung wird es nicht geben, nur die Referenzlosigkeit der Bilder.

Nach der Dekonstruktion des Realen und der Konstruktion des Sozialen durch Industrialisierung der Zelle, tritt das Ende der Geschichte ein. Heidegger würde sagen: *Das Leben im Schein als Ziel und die Technik als Gestell und der Mensch im Gestell.*

Jaspers fand heraus: *Die Realität in der Welt hat ein verschwindendes Dasein zwischen Gott und Existenz.*

Die Naturwissenschaften sind außerstande, die Folgen und Ziele ihres Tuns zu kontrollieren. Durch die Dekonstruktion der Zelle und damit des Daseins sind wir in ein neues Zeitalter eingetreten.

Eros und Thanatos streiten um die Zelle. Welche Kräfte wirken dabei auf die Zelle ein?
- Gravitationsfelder
- elektromagnetische Felder
- Quantenfelder
- Gestaltbildende Felder

Faraday kam bei der Erforschung des Magnetismus zu der Erkenntnis, dass von einem Magneten Feldlinien ausgehen. Niemand kann sie sehen, aber sie sind real. Sie bestehen nicht aus Materie.

Welcher Art also ist ihre Realität? Sind sie Zustände eines immateriellen Mediums oder des Raumes? Faraday nahm das Letztere an.

Er nahm an, dass Materieteilchen Schnittpunkte sich überschneidender Kraftlinien sind. Er nahm an, dass Kräfte die einzige physikalische Substanz sind. Er ging weiter davon aus, dass der ganze Raum von dieser Substanz ausgefüllt ist und jedem Punkt des Kraftfeldes eine bestimmte Menge an Kraft zugeordnet ist.

Alle Punkte stehen miteinander in Wechselwirkung, sodass Schwingungsmuster entstehen.

Für Einstein war das überflüssig. Es passte nicht in seine Theorie. Nach seiner speziellen Relativitätstheorie durchzieht das elektromagnetische Feld den leeren Raum und das Feld besitzt keinerlei mechanische Basis. Es kann jedoch in Wechselwirkung mit der Materie treten.

In seiner allgemeinen Relativitätstheorie dehnte Einstein den Feldbegriff auf Gravitationsphänomene aus. Es gelang ihm jedoch nicht, eine einheitliche Feldtheorie zu formulieren.

Die Quantentheorie erlaubte dann einen Quantensprung: Auf ihrer Basis entstand die Theorie des Quanten-Materie-Feldes.

Die Quanten-Materie-Felder sind von anderer Art als elektromagnetische Felder, doch ebenso real. Es gibt ebenso viele Materiefelder wie Teilchen.

Die Materiefelder können mit den elektromagnetischen Feldern in Wechselwirkung treten. Die Felder sind Zustände des Raumes und dieser ist nicht leer, sondern voller Energie. Auf der Suche nach einer letzten Theorie stehen die Physiker inzwischen vor einem Nichts. Ein wesentliches Merkmal gestaltbildender Felder ist ihre unscharfe Begrenzung; sie stellen Wahrscheinlichkeitsstrukturen dar.

Das gestaltbildende Feld eines Organismus stabilisiert seine Teile oder das Ganze und begünstigt die Entwicklung symmetrischer Strukturen.

Schönheit ist eine solche Symmetrie.

Das Erkennen der Schönheit löst einen Symmetrie-Impuls aus.

Körper Geist und Seele

Hier wird versucht, in bildlicher Darstellung die drei Entitäten Körper, Geist und Seele *auf den Punkt* zu bringen.

Neueste Erkenntnisse der Neurophysiologie und der Quantenphysik lassen vermuten, dass alle Erscheinungsformen (materielle/immaterielle) nur unterschiedliche Ausprägungen von Feldern sind (morphogenetische, elektromagnetische Felder).

Einstein: Materie ist nur *eingefrorene Energie*.

Auf der subatomaren Ebene gibt es nur Felder.

Es war eine Frau, die Mathematikerin Emmy Nöther, die das nach ihr benannte Theorem entdeckte, das überall – in jeder Sphäre – gilt:

Jeder Symmetrie-Transformation entspricht eine bestimmte physikalische Erhaltungsgröße:

- der zeitlichen Transformation die Energie,
- der räumlichen Transformation der Impuls,
- der Drehung der Drehimpuls und ich setze hinzu:
- dem Erkennen der Schönheit der erotische Impuls.

Erotische Impulse schaffen neue Realitäten oder erweitern die Realität.

Bei Proteinen wird die Struktur nicht nur durch die Abfolge der Aminosäuren, sondern auch durch die gestaltbildenden Felder bestimmt. Wir können somit die gestaltbildende Resonanz als Korrespondenz zwischen der aktuellen Eigenschwingung eines aktuellen Organismus und dem Muster vergangener Organismen sehen, stabilisiert durch Raum und Zeit.

Diese sind also keine Gegner, sondern Partner.

Gebunden an Raum und Zeit reist das Leben durch die Ewigkeit.

Kann und sollte Biotechnologie kontrolliert werden? Ist es etwa kein Todestrieb, der geschlechtliche Wesen zu einer ungeschlechtlichen Reproduktion antreibt? – Keine Mutter mehr, kein Vater mehr, nur noch Matrix: das ist das Ende des Körpers und seiner Seele.

Wenn jede Zelle des ursprünglichen Körpers, der aus der Tiefe der Zeiten kommt, zu einer klonbaren embryonalen Prothese wird, dann ist das nicht nur das Ende des Körpers, sondern das Ende der Geschichte – die Abschaffung der Zukunft. Das ursprüngliche Individuum ist dann nicht mehr als eine krebsartige Metastase seiner Grundformel.

Wenn die individuelle Anatomie aufgelöst wird, ist sie nicht mehr das Schicksal, sondern Biopolitik.

Es entstehen posthumane Zombies und von der Enucleation gelangen wir über die Deformation zur Destruktion.

Die eigentliche Bedrohung des Menschen kommt aus dem Nicht-Wesentlichen.

Die Verlängerung und Expansion des Lebens ist nur um den Preis der epigenomischen Manipulation und Negation vorübergehend möglich.

Die staatlichen Mächte nehmen sich, wie im alten Rom, das Recht über Leben und Tod.

Agamben hat recht mit seinem Diktum: *Souverän ist, wer den Ausnahmezustand verhängen kann.*[13]

Tatsächlich ist die Zelle der Souverän des Lebens, sie ist der lebendige Mittler zwischen Vergangenheit und Zukunft. Sie darf niemals versklavt oder manipuliert werden. Sie ist Träger der embryonalen Menschenwürde.

Da der erwachsene Mensch ein Vielzeller ist, der bei der Fortpflanzung wieder zum Einzeller wird und die Biopolitik ihn zum Hyperzeller werden lassen möchte, ist hier eine Deklaration zum Schutz der Integrität der Zelle nötig. Der Staat maßt sich eine innerhalb und außerhalb des Rechts stehende Souveränität nur an und setzt dabei die Experimente der Eugenik fort: *Was künstlich geschaffen wird, kann und wird manipuliert und künstlich beendet werden.* Der Mensch wird damit zum Nutztier.

Müssen wir daher weg von der Zentrierung auf den Körper und seine Zelle?

Es geht darum, unsere bisherige Logik der Komplexität der Aufgaben anzupassen. Derzeit kämpft unsere Kultur gegen die Grundprobleme der Ökonomie und Ökologie und gegen die Trennung von Körper/Zelle und Geist durch technische Instrumentalisierung. Wenn das so weitergeht, wird die menschliche Struktur durch ein Konstrukt, im heideggerschen Sinne *Gestell* genannt, ersetzt.

Wir müssen Widerstand gegen die Zumutungen der Entmaterialisierung des Lebendigen, der Fortpflanzung und der Sexualität leisten. Diese Zumutung wird offensichtlich von

---

[13] *Ausnahmezustand*, Agamben, G, Suhrkamp 2004

der Gesellschaft entweder nicht erkannt oder billigend in Kauf genommen.

Furchtbares hat die Menschheit sich antun müssen und wird sie sich weiter antun: Durch Klonierung schafft der Mensch seinen eigenen Ödipus und wer gegen eine entsinnlichte Kultur protestiert, bekommt von dieser hedonistischen Gesellschaft Prügel, so wie kürzlich Frau Lewitscharoff, als sie gegen die perverse Selbstermächtigung protestierte.

Die Zelle kommt unter eine Diktatur der Algorithmen, die zu einer Zerlegung des Organischen führen wird.
Zur Diktatur der Algorithmen: Wenn alles gespeichert wird und bleibt, haben Sie keine Vergangenheit mehr und keine Zukunft. Ein jeder ist dann ein algorithmisch konditionierbarer Untoter. Alles bleibt Gegenwart und es gibt keine Vergangenheit mehr, keine Zukunft.
Die Algorithmen gehen ihre Wege; der Mensch lebt in einer Maschinenwelt, nicht umgekehrt. Der Mensch als Teil der Maschine, deshalb geht es um alles für alle: Freiheit oder Unfreiheit. Es gibt keine Rückkehr der Zelle, des Körpers, weil wir dabei sind, sie zu zerstören.

Die Transmutation des Menschen zum *Algorithmus-menschen*

Die moderne Informatik benutzt zur Analyse großer Datenmengen sogenannte *Algorithmen*; das sind mathematische Handlungsvorschriften zu Problemlösungen. Mit diesen lassen sich aus riesigen, zunächst ungeordneten Datenmenge, wie z. B. aus Informationen über Aktienmärkte, Kaufverhalten (Nahrung, Kleidung, Auto, Lektüre etc.), Bewegungsmuster von Handy- und Autobesitzern, Kommunikation innerhalb unserer sozialen Netzwerke (Twitter, Facebook, Blogs etc.), Gesundheitsdaten etc., exakte Muster erstellen, die für die einzelne Person, aber auch für große gesellschaftliche Gruppen hochspezifisch sind. Damit werden kleinste Abweichungen im Verhaltensmuster identifizierbar und das Verhalten sogar voraussagbar.

Diese Algorithmen erschaffen ein neues, mathematisch-synthetisches Wesen, ein zweites *Ich*, das besser über uns Bescheid weiß, als wir selber. Damit werden wir kalkulierbar, unser Verhalten voraussagbar und manipulierbar, da dieser Algorithmus unsere Sehnsüchte und Wünsche kennt. Das neue Wesen lebt in einem Raum, wo es weder Individualität noch Privatheit gibt.

Die Äquivalente zu mittelalterlichen Sakralbauten sind die modernen Konsumtempel und die weltweiten Internetforen. Hier erhält der Mensch die Weihe zum Consumidor und bei gutem Konsumverhalten bereits die Absolution im Diesseits. Der weltumspannende Internetgeist, der binäre Algorithmen-Code – das ist die neue, alles vereinnahmende Weltformel; sie ist die Matrix, die alles durchdringt..

Leben wir in diesen Räumen, werden wir davon selbst ein Teil.

Die Algorithmen der digitalen Revolution/Diktatur zerstören die biologischen, anthropologischen sowie kulturellen Regulations-Dispositive, die in Jahrtausenden gewachsen sind. Die Veränderungen erfolgen so rasant, dass sie von Implosionen, Explosionen und Realitätsexzessen begleitet werden:

- Klonierung von Stammzellen
- überstürzter Einsatz von DNA- und RNA-Technik
- Erzeugung von Organen

Es fehlen eigentlich nur noch Hirnprothesen und Realitätsprothesen, um den Menschen in einen kybernetischen Automaten umzuwandeln; im Ergebnis werden die Wissenschaften und die Technik antihumane Disziplinen.

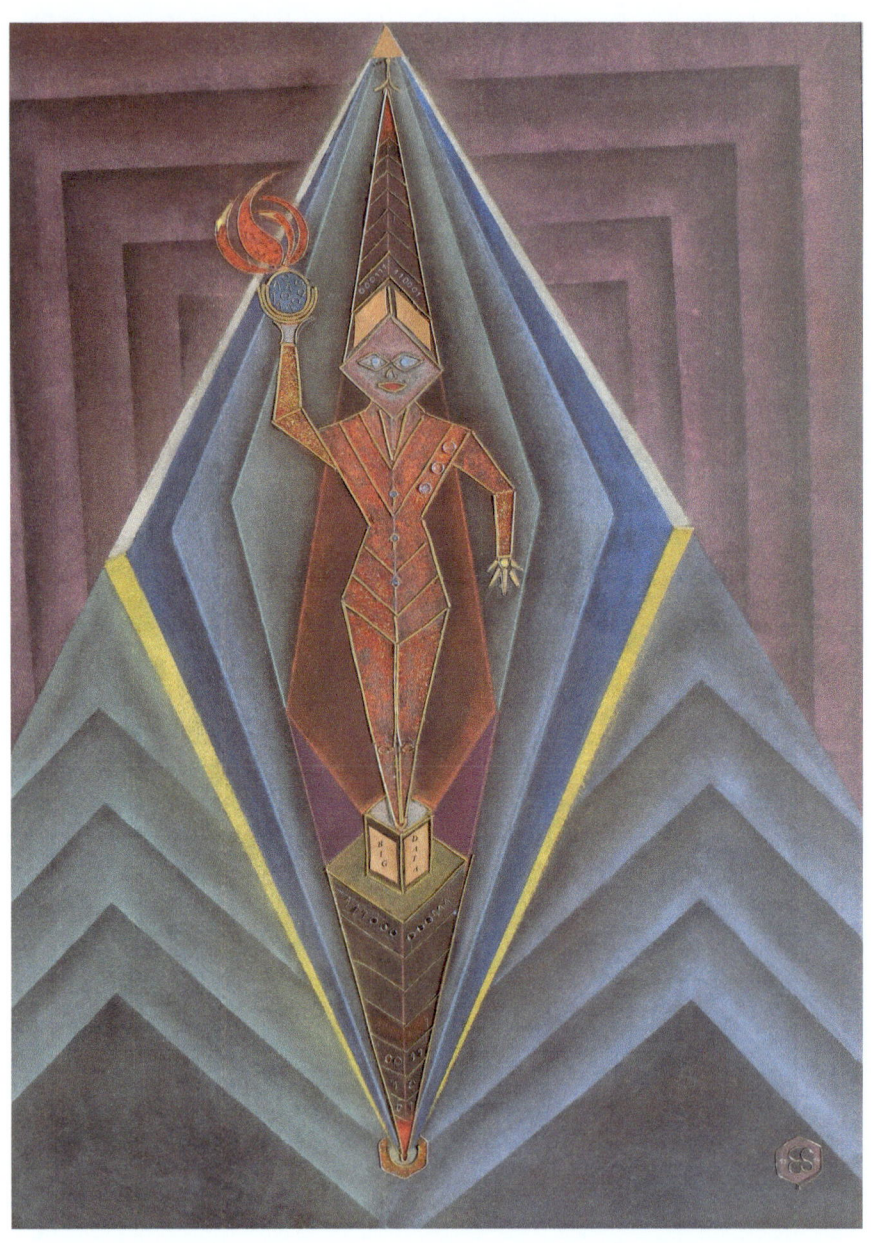

70

König *Big Data*

Daten aus allen Lebensbereichen, seien sie individuell oder gesellschaftlich, werden gespeichert. Das betrifft alle Informationen über die Gesellschaft, Ökonomie, Politik, Soziales, Wissenschaft etc., aber auch die Summe aller unserer individuellen Verhaltensweisen wie Konsum, Verhalten, Bildung etc.

Die Analysen dieser ungeheuren Datenmengen bringen für den Besitzer Entscheidungsvorteile, Macht und Einfluss. Das kann sich, je nachdem welcher Informationsbereich abgegriffen wird, finanziell, ökonomisch, politisch, sozial oder militärisch auswirken.

Wer den Analysealgorithmus zur Auswertung von *Big Data* hat, wird Monopolist und mächtig. Der binäre *Code 01* ist das Medium, das alle Informationen erfassbar, speicherfähig und analysierbar macht; er ermöglicht *Big Data*.

Big Data wächst wie aus einem Wolkenkratzer heraus, er trägt in der rechten Hand eine brennende Kugel mit den Zahlen des binären Codes. Vielleicht ist es auch eine Bombe, die uns einst alle umbringen wird. Durch seine perfiden Möglichkeiten der Überwachung und Manipulationen wird er zu einer Un-Freiheitsstatue.

Ursprünglich wurden diese Enzyme von der Natur geschaffen, um Bakterien gegen fremde DNA zu verteidigen, jetzt soll sie sich nicht mehr verteidigen können, sondern verändern lassen. Man kann damit jetzt jede beliebige unerwünschte Gen-Sequenz eliminieren. Es handelt sich sozusagen um einen *genomischen Trojaner* und dieser wird wie jeder Trojaner legal und illegal eingesetzt werden.

Man kann damit neue Gene oder Gengruppen angeblich punktgenau anstelle der alten einbauen. Wie diese dann mit den übrigen Genen kooperieren, wird sich zeigen. So war das immer in der biologischen Menschheitsgeschichte. Daneben gibt es für diese Art Eingriff das Problem der sogenannten *Off-Target-Aktivität*: Es können auch die falschen Gene attackiert werden.

Neben Genen kann man auch aktivitätsändernde Proteine an bestimmte Stellen des Genoms bringen. Man kann also in das *Genomische Imprinting* eingreifen. Dies ist wegen der Bedeutung der Epigenomik besonders bedenklich. Es gibt nichts Sensibleres und Einmaligeres als das Epigenom.

Es ist also ein molekulares Skalpell, das targetspezifisch genetische Mutationen und Deletionen für therapeutische Zwecke möglich macht, aber auch Ungenauigkeiten aufweist und gefährliche Überraschungen in sich birgt.[14]

Es ist noch anzumerken, dass der Geno- und Phänotypus nicht nur des Menschen, sondern auch der Tiere und der Pflanzen heute bereits verändert wird durch die Bio-Engineering-Maßnahmen, die die Gesellschaft zunehmend für selbstverständlich und begrüßenswert hält.

Stattdessen benötigten wir eine Haltung des reflektierten Widerstandes und einen Willen zum Schicksal.
Kafka wies darauf hin, dass der Mensch zwar den archimedischen Punkt gefunden habe, dass er ihn aber gegen sich selbst verwende.

---

[14] Crisper-CAS-9-Technologie: Molekulares Skalpell für die intrazelluläre DNA-Chirurgie

Der Staat und viele Menschen weigern sich, die konkrete Situation der Spezies Mensch zur Kenntnis zu nehmen, denn hinter allem lauert das Politische und Ökonomische – nackte Gespenster ohne Konzept, umringt von Zwergen.
Im Grunde begeht die Gesellschaft kollektiven Selbstmord. Sie hat es bloß noch nicht gemerkt.
Was haben wir vor uns?: den eigenen Ödipus, Gespenster, untote Zombies?

Aber es wird der Menschheit eingeredet, sie müsse weiter auf diesen Weg gehen, um eine Antwort auf die durch ihre originäre Krankheit ausgelösten Ängste und Leiden zu finden, so das unauflösbare Versprechen.

So bleibt zu fordern
es so zu lassen wie es ist oder ein Techno-Moratorium auszurufen, was garantiert nicht funktionieren wird. Wir müssen die Seele und ihr gestaltbildendes Feld wieder erkennen und respektieren.

K. Jaspers: Gott ist.
U. Kübler: Die Zelle ist.
K. Jaspers: Es gibt die unbedingte Forderung im Dasein.
U. Kübler: In und mit und nur durch die Zelle leben.
K. Jaspers: Der Mensch ist unvollendet und nicht vollendbar.

Von der Antike bis zum 17. Jahrhundert wurde angenommen, dass zwei soziale Geschlechter nur einem biologischen Geschlecht entsprechen und die Grenzen zwischen männlich und weiblich eine Frage der Abstufung und nicht der Art sind. – In den ursprünglichen Schöpfungsmythen der Perser und Griechen gab es nur ein Geschlecht.

Dann begann der Zivilisations- und Kulturprozess.

Über Jahrtausende waren die Männer die ahnungslosen Zuschauer der weiblichen Lebenszyklen. Die Frau war Garant des Fortbestehens der Gruppe, die Quelle der Freuden und die Verbindung zur Gottheit. Die Männer waren Teilhaber, die Kultur eher weiblich. Durch die Sesshaftigkeit wurden die Gruppen größer, der Mangel geringer.

Es entwickelten sich erste Informationssysteme, die die Abhängigkeit von der Natur reduzierten. Das Geheimnis der Frauen reduzierte sich. Die Herrschaft der Begriffe brach an. Männer verliebten sich in die neuen Methoden der Erkenntnis und bemächtigten sich der Begriffe. Die Ausübung von Macht wurde eine andere: apersonal. Kriege um Begriffe und Vorstellungen wurden erfunden, ein erster Zusammenbruch der Realität war die Folge.

Es entstanden Religionen, Monotheismen, Männerbünde. Macht und Macht-Missbrauch grassierten. Frauen, Kinder und Ungläubige waren die Opfer, der Hexenwahn brach aus. Es wurden in der Urgruppe und Urfamilie Prozesse angestoßen, die sich bei der Bildung der Dörfer und Städte fortsetzten, dahin gehend, dass das Patriarchat als phallisch geprägte Territorialität von dieser über die Nationalität zur Bestialität fortschritt, unter Billigung von Perversion und Folter.

Der Todestrieb zeigt seine hässliche Fratze und zerstört nun die Erde. Heute nennen wir das Klimawandel:

- *wir verändern die Atmosphäre,*
- *die Hydrosphäre,*
- *die Kryosphäre und vergewaltigen die Biosphäre.*

(frei zitiert nach S. Emmott[15])

Der Glaubenshunger und die Heilsansprüche einer glaubenslosen Zeit werden dadurch befriedigt, ebenso der Machtanspruch einer selbst ernannten wissenschaftlich-technischen Elite. Wissenschaftstheologen ohne ethischen Kompass befriedigen hier auf Kosten der Individualität der Zelle deren Industrialisierung: der Mensch als Apparat, in Gang gehalten durch die Macht der Gene im Dienste des Geldes. Genomisierung des Menschen, mit dem Ergebnis einer vorweggenommenen Euthanasie: *Was künstlich geschaffen wird, wird künstlich beendet werden.*

- Wie weit wollen wir gehen, dürfen wir gehen?
- Wollen wir die Verführung zulassen?
- Wollen wir mit Mischwesen leben oder alle zu diesen werden?

Der Wunsch nach Kontrolle des Lebendigen gebiert seine Vernichtung.
Die Verführung ist unvermeidlich – keine lebende Person kann ihr entkommen: Doch ich widerspreche Baudrillard[16]: Die Verführung gehört nicht in das Reich des Bösen. Nicht

---

[15] Zehn *Milliarden*, Ermott, S, Suhrkamp
[16] *Von der Verführung*, Baudrillard, Jean, Matthes & Seitz, Berlin

das Böse ist interessant, nur die Spirale des Schlimmeren. Ich kann nur verführen, wenn ich schon verführt bin.

Es gibt eine Alternative zu Sex und Macht, von der die Psychoanalyse nichts weiß, da ihre Axiomatik eine sexuelle ist: Das Weibliche. Es befindet sich sowieso anderswo. Darin liegt das Geheimnis seiner Kraft. Es verführt, weil es sich nie dort befindet, wo es sich zu befinden glaubt. Die Macht des Weiblichen ist die Macht zur Verführung. Die Verführung ist immer einzigartiger und sublimer als der Sex.
Die Verführung ist die Beherrschung des symbolischen Universums, während die Macht lediglich die Beherrschung des realen Universums repräsentiert.

Das Weibliche ist aber nicht nur Verführung, es ist eine Herausforderung an das Männliche, das von sich glaubt, das Geschlecht schlechthin zu sein, das Sex- und Lust-Monopol innezuhaben, eine Herausforderung an das Männliche, bis zum Ende seiner Vormachtstellung zu gehen. Unter dem Druck dieser Herausforderung bricht heute die Phallokratie zusammen:
Aus der spontanen Sexualität wird geregeltes Begehren, geregelte Fortpflanzung, geregelte Epigenomik gemacht. *Geregelt* heißt leider immer auch *Überwachung, Zensur, Manipulation.*
Die identitätsbildende Kraft einer auf normalem Wege eintretenden Schwangerschaft geht dem Embryo und der Nachwelt verloren. Diese Selbstermächtigung ist Hybris. Es wird nur noch die äußere Gestalt des Lebens nachgeahmt:

Das Ende aller Illusionen naht, das Wesentliche geht verloren, es bleiben die Hüllen:

- Zellmembranen, manipulierte Kerne, Mitochondrien.

Maternale, paternale, gemischte Mitochondrien:

- Untote und andere Überlebensformen.

Der Mann musste sich bisher anstrengen, lebende Objekte hervorzubringen. Bisher bedurfte es dazu *der Frau*: sie spendete das Leben; dies durfte entstehen durch einen Akt der Vereinigung zweier Vielzeller zu einem neuen Einzeller, aus dem dann wieder ein Vielzeller wurde.
Früher hieß es Vielzeller, Einzeller plus Einzeller: Zweizeller: neuer Vielzeller. Heute heißt es: doppelter Mitochondriensatz.[17]

Es erfolgte auf die orgiastische Vereinigung eine normale Entwicklung nach vorgeschalteter Auseinandersetzung zwischen dem paternalen und maternalen Apparat.
Heute kulminiert eine mehr oder weniger günstig verlaufende Schwangerschaft in eine Art von Geburt, die mehr einem fortgesetzten Notfall ähnelt und meistens durch Kaiserschnitt beendet wird, da eine Geburt per via naturalis für den Embryo und die Mutter heutzutage nur noch selten möglich oder zumutbar ist.
Früher stand die Lust oder die Illusion oder die Verführung an der Wiege, heute die Pathophysik der Algorithmen.

Die Apokalypse beginnt schon bevor sie eintritt: der perfekte Exzess. Selbst Gott wird nicht genügend Kraft haben,

---

[17] *Drei Eltern und ein Baby, Forschende raten zur Vorsicht bei künstlicher Befruchtungsmethode*, VBIO, URL: **http://www.vbio.de/e26/16497**

dieser Sinnvernichtung zu widerstehen. Er hat vielleicht schon aufgehört zu kämpfen. Am Ende steht dann auch noch eine geregelte Epigenomik. Der Macht der Natur ist nicht zu entkommen. Wer sich über sie stellt, kann nur die Zelle zerstören.

Wir dürfen die Zelle und uns selbst nur in geistiger und sexueller Zwiesprache mit den Kräften der Natur verändern oder weiterentwickeln, wenn denn überhaupt.[18]

Die Zelle ist ein ebenso offenes wie geschlossenes System (embryos): Sie schützt uns, sie trägt uns, sie hat uns ermöglicht, sie verbindet die Vergangenheit mit der Zukunft, das Gewesene mit dem zukünftigen Sein. Sie ist oder sollte ein Kontinuum sein, in das nicht ohne Weiteres eingegriffen werden darf, weil sonst das Kontinuum der lebenden Zelle gefährdet werden kann. Die Crisper-CAS-9- Technologie[19] stellt ein solches molekulares Skalpell dar, das in menschlichen Zellen eine Mutagenese durchführt, die auch vererbbar ist.

Eigenartigerweise gilt Mutagenese nach der europäischen Richtlinie für die Freisetzung veränderter Organismen und nach dem deutschen Gentechnikgesetz nicht als Verfahren, das zu gentechnisch veränderten Organismen führt. Entsprechende Biotech-Züchtungen werden ungestört in die Europäische Union eingeführt.

Die Rücksichtnahme auf die Agrar-Industrie erlaubt somit die legale Herstellung menschlicher Stecklinge, also die Menschenzucht, so als sei das Leben ein Spiel.

---

[18] *Kaulen Hildegard, So schürfen nun die Goldgräber im Genom*, FAZ 22.04.2015
[19] *Crisper-CAS-9-Technologie: Molekulares Skalpell für die intrazelluläre DNA-Chirurgie*

Das Spiel des Lebens

Durch Aminosäuren, die Proteine bilden, werden genetische Information realisiert. Proteine bestehen aus jeweils 100 – 300 Aminosäuren.

Die biologische Funktion der Aminosäuren entsteht in der Interaktion mit Wasser oder durch Komplexierung mit sich selbst, *Polymerisierung* genannt. Dadurch können Aminosäuren zusammen mit Wasser auch Schäume erzeugen – physikalisch Aerosole, biologisch Sphären, die etwas umschließen und von einer Membran begrenzt sind. Diese Membran kann auch noch Lipide enthalten.

So hat die Evolution begonnen. Heute interagieren Aminosäuren mit dem Stoffwechsel, den Hormonen und dem Nervensystem. Sie bilden externe und interne Signale und reagieren auf solche. Sie fungieren als Neurotransmitter und lokale Hormone: Alanin, Asparagin, Glutamin, Glycin, Prolin, Tyrosin, Taurin, Tryptophan haben neuromodulatorische Wirkung.

Die Methylgruppen des Methionins und die Acetylgruppen des Lysins regulieren die Histonproteine des Genoms und damit die zellulären Signalketten.

Aminosäuren beeinflussen das Verhalten der Neuroglia. Sie können Glia schützende Peptide bilden. Über das Stickoxid aus Arginin beeinflussen sie das Immunsystem, das Gehirn, das Endothel und damit den Kreislauf und sexuelle Funktionen.

Die Erfindung der Individualität wäre nicht möglich gewesen ohne die Methylierung und Acetylierung des Genoms. Aminosäuren sind also notwendige Motormoleküle der Evolution. Sie helfen beim Speichern und der Weitergabe persönlicher Erfahrungen. Sie bedingen das historische Gedächtnis der Zelle.

Bei Angriffen auf genomischer Ebene, beispielsweise durch die Crisper-Technologie ist es möglich, das Epigenom zu verändern oder zu beschädigen. Es sei Goldgräbern des Genoms, die sich dieser Technologie bedienen wollen, ins embryonale Stammbuch geschrieben mit der Bitte um Wahrung der embryonalen Menschenwürde.
Man kann mit dieser Technologie nicht nur adulte Zellen, sondern auch Keimbahnzellen, also embryonale Stammzellen verändern. Das reicht dann bis zur Schreckensvision der Menschenzucht, also der Optimierung von Intelligenz, Aussehen und Leistungsfähigkeit.

Zunächst wird man wohl versuchen Erbkrankheiten zu eliminieren. Dann wird man auch Chimären herstellen, also beispielsweise humanoide Schweine, um deren Organe kranken Individuen zur Verfügung zu stellen.
Diese Vorgehensweise wird durch das deutsche Embryonenschutzgesetz noch untersagt, auch durch das Dokument *dignitas persone* der katholischen Kirche aus dem Jahre 2008, welches Eingriffe in die Keimbahn verbietet.
Sollte sich jedoch diese Technik etablieren, muss man sie ethisch integrieren, sich also dazu ethisch verhalten, so Weihbischof Lohsinger, Mitglied der deutschen Ethik-Kommission, die sich mit solchen Fragen beschäftigt.
Falsch ist, was Herr Prof. Hacker in der *WELT* erklärt hat, dass die Crisper-CAS-9-Technologie, die im Rahmen des

Genomic Editing zum Einsatz kommt, keine mutagenen Effekte habe und erlaubte Biotechnologie sei. Selbstverständlich kann man durch Einsatz dieser Technologie Mutationen nicht nur beseitigen, sondern auch erzeugen.

Die Technologie ist auch keineswegs sicher: je intensiver sie genutzt wird, also je mehr molekulare Skalpelle in die Zelle eingebracht werden, desto mehr Fehler werden gemacht, denn auch dieses Verfahren hat eine sogenannte Off-Target-Aktivität, es ist also nicht absolut spezifisch.

Jede Zelle entsteht aus Sphären, die ihrerseits aus der Interaktion von Aminosäuren mit Wasser entstanden ist. Die Sphären umschließen Informationen. Kommt ein Energieträger hinzu, beispielsweise energiereiche Moleküle durch Fotosynthese entstanden, und sind morphogenetische Felder aktiv, so können sich die Moleküle an morphogenetischen Koordinaten orientieren und es kann prinzipiell jeder komplexe Organismus entstehen. Morphogenetische Koordinatoren sind keineswegs komplett bekannt, geschweige denn verstanden. Man muss annehmen, dass es sie gibt. Mehr weiß man (noch) nicht.

Man befindet sich hier also auf sehr unsicherem Terrain. Entdeckt man einen Fehler, so wird die Erfindung der Individualität und damit die Einmaligkeit des Menschen und der Wesen rückgängig gemacht. Hinzu kommt, dass jeder Mensch genetische und epigenetische Schwächen hat. Sie gehören zu ihm. Niemand hat diese auszubeuten; weder der Staat, noch die sogenannte personalisierte Medizin. Sie wird sonst zur maßgeschneiderten Manipulation im Rahmen des *Genomic Editing*. Die Gesellschaft überträgt dabei dann ihre Vorstellungen vom guten und gesunden Leben auf die individuelle Zelle.

Das sind gefährliche Eingriffe in das natürliche Kontinuum, das seit Jahrmillionen existiert.

Erwin Chargaff, der an der Wiege der Entdeckung der DNA-Struktur stand, sagte gegen Ende seines Lebens immer verzweifelter, man hätte den Zellkern so behandeln sollen wie die Spaltung des Atomkerns: die Finger davon lassen.

Heutzutage werden Zellen über die Möglichkeiten definiert, die in ihnen stecken, und diese sind nahezu unbegrenzt, der Mensch wird zum Mitschöpfer und es kommt zu einer Veränderung und Beschleunigung der Evolution, wobei keineswegs nur Fortschritt, sondern auch Regression möglich ist. Dem Menschen ist also eine evolutionäre Macht zugewachsen, ebenso der Medizin.

Dies ist die schwerst mögliche Bürde.

Evolutionen zum Guten wie zum Schlechten werden möglich. Leben aus der Petrischale wird möglich, Organe auf Bestellung werden möglich.

Albert Einstein sagte, Gott würfle nicht mit dem Universum. Werden wir das mit der Zelle tun? Ich vermute ja.

Quellen und wissenschaftliche Literatur:

1) *Es fehlt eine Theorie der Neurowissenschaft*, Tretter, F, NZZ 16. April 2014

2) *Sphären I*, Sloterdijk, P, Suhrkamp

4) *Krieg, Wozu er gut ist*, Morris, Ian, Campus

5) *Des hommes propables*, Testart, J, Paris, Seuil, 1999

6) *Ethik war gestern*, FAZ 8.5.2013

7) *La significance du phallus*, Lacan, J, Ecrits, p 685ff

8) *Das vergessene 20. Jahrhundert*, Judt ,Tony, Hanser

10) *Platon*, Symposium

11) *Die Technik und die Kehre*, Heidegger, Martin, 12. Auflage 2011

12) *Schmerzlose Operationen. Örtliche Betäubung mit indifferenten Flüssigkeiten. Psychophysik des natürlichen und künstlichen Schlafes,* C.L. Schleich Berlin 1897

13) *Ausnahmezustand*, Agamben, G, Suhrkamp 2004

14) *Crisper-CAS-9-Technologie: Molekulares Skalpell für die intrazelluläre DNA-Chirurgie*

15) *Zehn Milliarden,* Ermott, S, Suhrkamp

16) *Von den Verführung*, Baudrillard, Jean, Matthes & Seitz, Berlin

17) *Drei Eltern und ein Baby, Forschende raten zur Vorsicht bei künstlicher Befruchtungsmethode*, VBIO, URL: http://www.vbio.de/e26/16497

18) *Kaulen Hildegard, So schürfen nun die Goldgräber im Genom*, FAZ 22.04.2015

Die Bilder in diesem Buch wurden von Prof. Dr. Ekkehard Stähler geschaffen und dem Autor dankenswerterweise zur Verfügung gestellt. Sie geben ein Sinnbild der Schönheit und Einmaligkeit der Zelle und warnen vor den Folgen transhumaner Parallelschöpfungen.